ESG経営の実践

新国富指標による非財務価値の評価

事業構想大学院大学 出版部

1. 脱炭素・ウィズコロナ時代の企業経営

　想定外の災いにさらされることが多くなった昨今、これからの社会のあり方についてより真剣に議論することが必要となっている。2021年1月、世界経済フォーラムから『グローバルリスク報告書2021年版』が発行された。これによると、発生の可能性が高いグローバルリスクの上位5位は、

　　1位　異常気象
　　2位　気候変動の適応（あるいは対応）の失敗
　　3位　人為的な環境災害
　　4位　感染症
　　5位　生物多様性の損失

　また、影響が大きいグローバルリスク上位5位は、

　　1位　感染症
　　2位　気候変動の適応（あるいは対応）の失敗
　　3位　大量破壊兵器
　　4位　生物多様性の損失
　　5位　天然資源危機

であった（図0-1）。

　ここに挙がった項目のほとんどは環境問題としてとらえられるものだ。この10年間のランキングで昨年まで5位内に入っていた「自然災害」や「水の危機」が外れているが、これはリスクがなくなったわけではなく、相対的に他のリスクが上昇したということだ。そ

して、これまでの「発生の可能性が高いグローバルリスク」のランキングには入っておらず、「影響が大きいグローバルリスク」ランキングでは2015年に2位だった「感染症」が、2020年にはどちらのランキングでもランクインした。2020年、世界中を席捲したコロナ禍のリスクは2021年6月現在も、まだ終焉が見えない。そしてまた、気候変動に対しても、世界中の政府・企業が「脱炭素」の方向に舵を切り動き出している。

これらのリスクの影響をできる限り減らすことができるのか、あるいは悪化させるのかの多くは私たちの取り組みにかかっている。新型コロナウイルス感染拡大を制御するための移動や人との接触の制限のように、思い切った対策や、これまで求められたものとは違う方向性のイノベーションが求められることが考えられる。今までの延長ではない、新たな価値観の新たな行動様式となる可能性も高いだろう。

そして、これらのリスクはSDGsのターゲットに取り組むことで、克服することも可能となっていく。これは世界で対応が求められているものだが、その対応は、国や自治体だけではなく、産業界の貢献が重要になってくる。

2. 公民双方で進める地方創生とSDGs

2020年度、日本は地方創生の第2期に入り、全国の自治体は「まち・ひと・しごと創生総合戦略」で、国連が2015年に採択した持続可能な開発目標（SDGs）推進を掲げている。

"SDGs" ということばと、その17のゴールは様々なメディアを通し浸透し始めているが、実際にどう取り組んだらよいか腕組みを

発生の可能性が高いグローバルリスク

	第1位	第2位	第3位	第4位	第5位	第6位	第7位
2021年	異常気象	気候変動の適応の失敗	人為的な環境災害	感染症	生物多様性の損失	デジタル権力の集中	デジタル格差
2020年	異常気象	気候変動の適応の失敗	自然災害	生物多様性の損失	人為的な環境災害		
2019年	異常気象	気候変動の適応の失敗	自然災害	データ漏洩／窃盗	サイバー攻撃		
2018年	異常気象	自然災害	サイバー攻撃	データ漏洩／窃盗	気候変動の適応の失敗		
2017年	異常気象	強制移動	自然災害	テロ攻撃	データ漏洩／窃盗		
2016年	強制移動	異常気象	気候変動の適応の失敗	国家間の衝突	自然災害		
2015年	国家間の衝突	異常気象	国家統治の失敗	国家の崩壊／危機	失業		
2014年	収入の不均衡	異常気象	失業	気候変動の適応の失敗	サイバー攻撃		
2013年	収入の不均衡	財政不均衡	温室効果ガス排出	水の危機	高齢化		
2012年	収入の不均衡	財政不均衡	温室効果ガス排出	サイバー攻撃	水の危機		

影響が大きいグローバルリスク

	第1位	第2位	第3位	第4位	第5位	第6位	第7位
2021年	感染症	気候変動の適応の失敗	大量破壊兵器	生物多様性の損失	天然資源危機	人為的な環境災害	生計危機
2020年	気候変動の適応の失敗	大量破壊兵器	生物多様性の損失	異常気象	水の危機		
2019年	大量破壊兵器	気候変動の適応の失敗	異常気象	水の危機	自然災害		
2018年	大量破壊兵器	異常気象	自然災害	気候変動の適応の失敗	水の危機		
2017年	大量破壊兵器	異常気象	水の危機	自然災害	気候変動の適応の失敗		
2016年	気候変動の適応の失敗	大量破壊兵器	水の危機	強制移動	エネルギー価格ショック		
2015年	水の危機	感染症	大量破壊兵器	国家間の衝突	気候変動の適応の失敗		
2014年	財政危機	気候変動の適応の失敗	水の危機	失業	インフラ破壊		
2013年	財政破綻	水の危機	財政不均衡	大量破壊兵器	気候変動の適応の失敗		
2012年	財政破綻	水の危機	食糧危機	財政不均衡	エネルギー価格変動		

■ 経済　□ 環境　■ 地政学　□ 社会　□ テクノロジー

出典：World Economic Forum「The Global Risks Report 2021 16ᵗʰ edition」

図0-1：進化するリスク

し、頭を抱えている企業や部署もあるだろう。そして、SDGsの達成は行政の力のみによって達成されるものでもないということも、少しずつ浸透しはじめているのではないか。

　なぜなら、大きく社会を動かしているのは経済の力でもあるからだ。理念や法律、制度だけでは社会は動かない。日々の人々の生活を支え潤いを与えているモノやサービスを提供するあらゆる企業・団体の活動もSDGsの達成に欠かせないものだ。

　企業にとって、それは「社会貢献」と受け取られるかもしれない。CSRに力を入れている企業は多い。しかし、事業を行うだけで精いっぱいで社会貢献まで手が回らない、SDGsのことなど考えられないという企業はさらに多いことだろう。しかし、社会課題を解決し、持続可能な世界をつくることがSDGsである。持続可能であるということは、社会に求められる"正しい"ことなのだ。社会課題の解決には世界的にニーズがある。これを達成することがビジネスになるという視点をもてないだろうか。

　SDGsは、これまでの自社の内容とはかけ離れた業務や、新たな社会貢献活動に取り組むことを促すものではない。設定されたゴールを一つ一つみていくと、事業に関連あるものや、ヒントになりそうなものも見えてくるのではないだろうか。自社の「これまで」を活かし、さらに成長させる一翼にもなるととらえなおし、ビジネスでSDGsを達成するという視点をもつことができれば、社会にとっても重要な意味になるはずだ。こうして社会課題を解決することは、企業の存在意義にもなり、国内外のさまざまな業種の企業がSDGsへの貢献を掲げた事業に取り組んでいる。

　SDGsが示す、持続可能でよりよい世界を目指すための17のゴールをここで確認しよう。

1. 貧困をなくそう

2. 飢餓をゼロに

3. すべての人に健康と福祉を

4. 質の高い教育をみんなに

5. ジェンダー平等を実現しよう

6. 安全な水とトイレを世界中に

7. エネルギーをみんなに そしてクリーンに

8. 働きがいも経済成長も

9. 産業と技術革新の基盤をつくろう

10. 人や国の不平等をなくそう

11. 住み続けられるまちづくりを

12. つくる責任 つかう責任

13. 気候変動に具体的な対策を

14. 海の豊かさを守ろう

15. 陸の豊かさも守ろう

16. 平和と公正をすべての人に

17. パートナーシップで目標を達成しよう

　これらを国連が解決しなくてはいけない目標として掲げるということは、そこに大きな社会課題があるということだ。そこには解決のニーズ、つまり必要とされる仕事がある。これまで社会貢献をしようにも自社の業務内容に合致するものが見つからなかったという場合も、SDGsの項目をヒントに探すこともできるのではないだろうか。

　持続可能な社会の実現に向けて大きな役割を担うのは企業だ。事

業そのものが社会の持続可能性に貢献し、かつ企業価値を上げることにつなぐにはどのような考え方やツールがあるのだろうか。

3. サステナブル投資の潮流と 新たな評価軸・新国富指標

　私たちは、日々「買い物」という形で商品を選ぶ。「買う」ことは、その商品の価値と金銭を交換することであり、「選ぶ」ことはその商品へ1票を投じる選挙のようなものと考えることができる。より大規模な金銭を介した選択を考えたとき、投資が挙げられる。本書の中に詳しい紹介があるが、環境問題をはじめとした社会的な課題のひっ迫の認識が広まるに従って「サステナブル投資」、すなわちE（Environment：環境）、S（Social：社会）、G（Governance：企業統治）への投資が世界的に浸透している。日本では「ESG投資」と言われることも多いが、ESGへの投資は企業にも新たな事業機会をもたらす。

　国連が2006年に提唱した責任投資原則（PRI：Principles for Responsible Investment）に署名した投資機関、例えば年金積立金管理運用独立行政法人（GPIF）などは、長期的なリターンを得るため、ESGに配慮した投資をすることを求める。一方で、投資を受ける企業は、これまでより一層、事業を通じた社会課題解決が求められることになる。日本国内でも、2021年6月以降に改訂される東京証券取引所の「コーポレートガバナンス・コード」では、上場企業に対しESG要素を含むサステナビリティへの課題に取り組むことや、経営層における人材の多様性確保などを求めることが明記されている。このことは見方を変えると、事業機会が増えるともと

らえられる。企業にとっては大きなビジネスチャンスとなるだろう。

　直接、海外との取引がなくても、現代のグローバル化した経済では原材料やそれに関わる労働が海外に拠点を置いていることも十分考えられる。環境や人権などへの配慮がない企業は、厳しく追及される可能性が高い。SDGsを念頭にビジネスを展開することは、そのリスク回避にもなる。ESGへの投資を増やすことが社会の持続可能性を高めることになり、真の豊かな社会の実現に結びつくと考えられる。

　何らかの計画を実行しようとするには、そこに達成目標が設定されることだろう。これまでの経済発展は豊かな社会を目指した結果であり、豊かさを測る指標はGDP（国内総生産）だった。しかしGDPは1年間に生産されたモノ・サービスの総額からみる指標であり、インフラなどをつくり続けることで増え続ける。しかし、金銭に換算されない価値、健康や自然、次世代・女性が活躍する社会の豊かさは示されない。

　これらの見えないものの価値を測る指標が本書で紹介する、「新国富指標」である。これはノーベル経済学賞受賞者の故ケネス・アロー氏や、英ケンブリッジ大学のパーサ・ダスグプタ名誉教授といった現代経済学の偉人と評される面々が国連を巻き込み推進した「富のプロジェクト」の成果であり、世界中で研究が進み、注目を集めている。新国富指標は「人工資本」「教育資本」「健康資本」「自然資本」と呼ぶものを足し合わせ、最終的に、気候変動による被害、原油価格の上昇で得られるキャピタルゲイン、技術進歩などを反映する全要素生産性などで調整したものである。この指標の導入によって、GDPでは測ることができなかったESG分野における企

業価値を測定し、その進捗を把握することが可能になってくる。前述の改訂版コーポレートガバナンス・コードのなかでも、財務情報や経営戦略のみならず、非財務情報についても正確でわかりやすく有用性の高いものを開示するよう基本原則の中で求めている。非財務情報を可視化できる新国富指標はこれからの企業経営にとり重要なツールとなる可能性を秘めている。

4.　SDGsネイティブ世代が市場の主流に

　2005年「国連持続可能な開発のための教育の10年（DESD）」が開始され、2006年3月には、持続可能な開発のための教育（ESD）の国内行動実施計画が策定された。同年に改正された教育基本法では、「生命を尊び、自然を大切にし、環境の保全に寄与する態度を養うこと。」と記載されている。2004年には、「環境の保全のための意欲の増進及び環境教育の推進に関する法律」（環境教育推進法）も施行された。また、2020年度から本格的に実施された学習指導要領にも『持続可能な社会の創り手』を育成していくことが明記されており、現代の若者たちは、子どもの頃から社会や環境問題について学ぶ機会がより多くなった世代だ。これからの消費者は、社会課題に対して問題意識をもつ者も多いだろう。そういった消費者に選ばれる企業となるためにも、ESGは避けて通ることができないポイントとなる。

　SDGsを達成し、持続可能な社会をつくること。そして、それを後押しすることになるサステナブル投資（ESGへの投資）という金融の大きな潮流に乗ることができるか否かは、企業にとってビジネスチャンスとなるだけでなく、長期的には自社の存続にもかかわ

る重要な経営課題である。

　本書では、主に企業においてSDGsやESGを担当する事業責任者や実務担当者を念頭に、ビジネスにおけるSDGsやESGへの取り組みという世界的潮流の経緯や現状を解説する。そのうえで、従来の財務指標では評価しきれなかった人の健康や教育、自然環境の価値といった非財務要素の有力な評価指標として研究が進んでいる「新国富指標」について紹介し、これが単に非財務価値の評価にとどまらず、新たな価値の創出にもつながりうるということをいくつかのケーススタディから明らかにすることを試みる。

　大変革期を迎えた社会のなかで、ビジネスとしてSDGsの達成に取り組むためには、旧来の価値観を更新し、埋もれていた価値を可視化することでそれを社会に還元していくことが重要となる。本書で示す新たな価値評価のあり方をSDGs達成に寄与する事業、ひいては持続可能な社会の構築に役立てていただければ幸いだ。

2021年6月

馬奈木俊介

目　　次

第1章
サステナブル投資の基礎知識

1．SDGs経営・ESG経営の普及

1-1　SDGsの包括性とその課題

　国連における「ミレニアム開発目標」（MDGs：Millennium Development Goals）から「持続可能な開発目標」（SDGs：Sustainable Development Goals）への変遷において、最も顕著なのは掲げられた目標とそれらを担う主体の包括化であろう。今日では、開発目標が対峙する社会問題や社会的課題は、地球レベルの気候変動や資源の枯渇といった環境問題に加え、貧困や紛争、労働、健康、教育や経済、国・地域間の格差の問題など多岐にわたる。関係する主体についても同様である。特筆すべきは、SDGsでは課題解決のための企業の創造性とイノベーションを期待し、企業の役割を重視したことにある[i]。まさにSDGsの基本コンセプトである「誰一人取り残さない」（Leave No One Behind）の実現に向けたものといえる。

　ご存じの通り、SDGsは17の目標（ゴール）と、各目標に関する169ものターゲットで構成されている。さらに、各ターゲットには具体的な指標が設定されており、その達成度を可視化することでSDGsの実行可能性を高める構造となっている。

　しかし、この包括的な構造ゆえに、すべての指標の観測を行うことは困難である。事実、2019年4月の国連のSDGsの環境に関するターゲットの進捗状況の報告によると、該当する指標の68％において全世界での達成度評価に必要なデータが揃っていない（図1-1）[ii]。また、SDGsおよびその背景にある公文書では、SDGsを達成するために実施される施策が有効かどうかや、それをどのように判断す

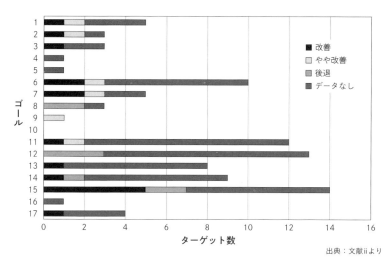

図1-1：SDGsの環境に関するターゲットの進捗状況

べきかについては言及されていない[ⅲ]ことから、SDGsが前提とする包括的な「持続可能性」を判断するには既存の評価指標では不十分であるといえる。

1-2　企業によるSDGs達成の評価指標「ESG」

　SDGsでは社会課題に対応する主体として、これまでの国際機関や国・地方の政府に加え、特に企業が重視されている。これはSDGsの包括的なゴール達成には、多種多様な関係主体の連携・協力を要するためでもあるが、それ以上に重要なのは、SDGsの達成に企業の創造性とイノベーションを伴わせることで、企業にとってのリスク回避だけでなく大きなビジネスチャンスが得られるという考え方が浸透しはじめていることである。事実、グローバル企業のCEOらで構成され、非常に大きな影響力を持つ「持続可能な開発の

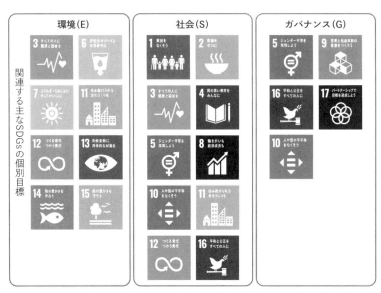

図I-2：ESGの各要素とSDGsのゴールの関係

ための世界経済人会議」（WBCSD：World Business Council for Sustainable Development）によって、食料と農業、都市、エネルギーと材料、健康と福祉分野におけるSDGsの達成は12兆ドルのビジネス機会創出につながると試算されている[iv]。

　わが国でも2019年6月閣議決定した「パリ協定に基づく成長戦略としての長期戦略」[v]において、"脱炭素社会"に向けたビジネス主導の非連続なイノベーションを通じた"環境と成長の好循環"の実現をビジョンとして掲げている。さらに、同年の各国エネルギー大臣および環境大臣による「G20持続可能な成長のためのエネルギー転換と地球環境に関する関係閣僚会合」においても、環境と成長の好循環を加速させる重要性が強調され、そのための「持続可能な成長のためのエネルギー転換と地球環境に関するG20軽井沢イノ

ベーションアクションプラン」[vi]が採択された。

　そして、これらのいずれもが環境と成長の好循環を実現するために、サステナブル投資（日本では「ESG投資」と呼ばれることも多い）を中心とした環境金融（グリーンファイナンス）の拡大が必要であるとしている。詳細については次の節以降でふれるが、ESG要素への対応が優れている企業への投資をサステナブル投資と呼ぶ。ESGは企業の持続可能性に必要な要素とされ、SDGsの3本柱である"経済""社会""環境"に相当するものと考えていいだろう。図1-2にESG各要素とSDGsのゴールの関係を示す。企業が戦略的にSDGsに取り組むことで、イノベーションやサステナブル投資がもたらされ、結果として社会課題の解決のみならず企業価値を向上させることが期待されている。

2. SDGs・ESGへの取り組みを促す サステナブル投資

2-1　SDGsとESGの浸透の現状

　「誰一人取り残さない」、最新の持続可能な開発目標として、SDGsは国内外でさまざまなプロモート活動が始められ、社を挙げて取り組むことを表明する企業・団体も増えているが、実際のところ、SDGsやESGはどれくらい社会に浸透しているのであろうか。図1-3にGoogle Trends[vii]を用いた全世界と日本でのSDGsとESGのウェブ検索キーワードとしての人気度の推移を示す。これは、指定した期間と地域について、グラフ上の最高値を基準として検索インタレストを相対的に0〜100の指数で表したものである。図を見

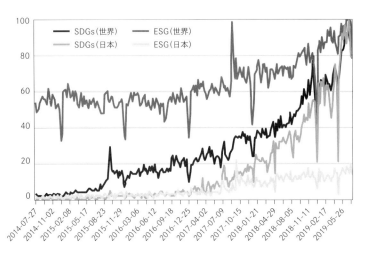

出典：ウェブサイト vii を元に筆者作成

図I-3：SDGsとESGのウェブ検索インタレストの推移（2014年7月〜2019
　　　年7月）

ると、SDGsは2015年の発表以降、当初は日本が世界に対して後れ
を取りつつも両者は上昇を続け、現在ではほぼ同じ高い水準にあ
る。一方、ESGについては、世界では一貫してSDGsより高い水準
にあるのに対し、日本ではSDGsとの関係が逆転しているだけでな
く、2019年7月時点では未だに20ポイント程度と他に比べてかな
り低い値である。この理由としては、ESGには企業や投資家など
のみが関心を寄せていることと、SDGsやサステナブル投資と関連
づけたESG導入のための指標設定や制度などの環境整備が欧米な
どと比べて遅れていることが考えられる。

2-2　SDGsの「本業化」のためのESGとサステナブル投資

　「イノベーションと創造性を伴う」という条件付きではあるが、

企業にとってSDGsは大きなビジネスチャンスであるとされているのは、前の節で述べた通りである。しかし、企業としていかにSDGsに取り組むべきかについては、疑問が残るところであろう。単なるフィランソロピー（慈善事業）としてでは、SDGsへの取り組みが企業価値の向上につながらず、むしろ財務的にはマイナスに働くという恐れもあるため、実施に消極的な企業もあるだろう。つまり、いかにSDGsを「本業化」するかが重要であり、そのための鍵となるのがESGとサステナブル投資だといえる。

2-3　ESGとサステナブル投資の歴史的背景

　ここで改めてESGやサステナブル投資の歴史的経緯についてみていこう。それにはまず、これらの源流とされる社会的責任投資（SRI：Socially Responsible Investment）について述べるべきであろう。SRIとは企業の財務状況や成長などを判断基準とする通常（従来）の投資に対し、企業の社会課題への対応といった社会的責任を投資の判断基準とする方法である。近年脚光を浴びているESGやサステナブル投資に対し、SRIは投資自体と同じ歴史を有するほど古くから存在していたとされる。ただし、当初はキリスト教団体が自らや信者の投資先に関するガイドラインを整備するなど、宗教的倫理を動機としたものであった[viii, ix]。

　SRIが「現代版SRI」と呼ばれるものへと変貌しはじめたのは、アメリカでの公民権運動やベトナム戦争に対する反戦運動、南アフリカ共和国のアパルトヘイトなどの社会課題が浮き彫りになった1960年代になってからである。これら社会課題に対し、関連企業への投資回避がなされたように、投資を通じてシェアホルダーが企業に社会的責任を課すようになった。1980年代以降は企業が取り

組むべき社会課題に、気候変動や経済活動による環境破壊といった環境問題が新たに加わり、環境のみならず社会や企業の「サステナビリティ」が問われる時代となった。現在SRIとほぼ同義でサステナブル投資が用いられる理由はここにあるとみてよいだろう。さらに、1990年代ごろには企業の社会的責任（CSR：Corporate Social Responsibility）の概念の普及に伴い、CSRを基準に企業を評価する動きが拡大した[x]こともSRIの追い風となった。

このように、社会課題の変遷とともに責任投資に対する要求も進化を続けてきた。2006年には当時の国連事務総長であったコフィ・アナン氏によりPRI（Principles for Responsible Investment：責任投資原則）が提唱された。このPRIでは、投資先企業の評価には従来の財務情報に加え、環境問題への対応（Environment）、社員の機会均等や地域社会への貢献などの社会的問題への対応（Social）、グローバル化に対応した経営体制や企業倫理などのポリシーといった企業統治（Governance）のような非財務情報を考慮するべきとされている。そして、この3つの非財務情報を総称したものがESGである[xi]。

さらに、リーマン・ショックによる世界的な金融危機の背景に金融機関による投資先企業のコーポレート・ガバナンス（企業統治）などのチェックが不十分であったことを受け、2010年にイギリスで機関投資家のあるべき姿を規定したスチュワードシップ・コードが制定されたこともSRI、そしてESGやサステナブル投資が重視される要因となった。日本でも2014年に金融庁が日本版スチュワードシップ・コードを制定したことで、2015年には年金積立金管理運用独立行政法人（GPIF：Government Pension Investment Fund）が、資産運用受託者（機関投資家）の行動規範であるスチュワード

シップ・コードを果たすためにESGへの取り組みを強化すること
と、PRIに署名したことを発表した[xi]。

　以上のように、（宗教的）倫理観に基づくものであったSRIは、
社会情勢の変化を受け、その過程でサステナブル投資やESGなどを
派生しながら、現代版SRIへと変貌を遂げた。その最も大きな特徴
は、ネガティブ・スクリーニングやダイベストメント（Divestment、
投資回収）に代表されるような倫理的、または社会的道義に基づく
方法から、ESG統合（サステナブル投資の一形式。p.13-14参照）
のような企業の持続可能な成長を判断基準とすることで長期的なリ
ターンを目指すという、ある意味本来的な方法に重点が移りつつあ
ることにあるといえる。

2-4　日本におけるサステナブル投資の急速な拡大

　先述のように、日本における社会的認知の視点では浸透している
とは言い難いESGだが、企業のESGへの取り組みを判断材料とし
たサステナブル投資（日本ではESG投資と言われることが多い）
については状況が異なる。図1-4は、The Global Sustainable
Investment Alliance（GSIA）[viii, ix]が2年ごとに公表している主要な国
と地域のサステナブル投資額の変遷である。額自体はヨーロッパや
アメリカが多くを占めるが、日本は他の国・地域よりも著しい成長
を遂げており、シェアも2014年にはわずか0.04％であったのが、
2018年には7.10％まで拡大している。この間日本では世界最大級
規模の年金基金である年金積立金管理運用独立行政法人が2015年
に責任投資原則に署名し、2017年に国内株式において約1兆円規模
での運用を開始するなど大きな動きがあった[x]。

　このような状況から、サステナブル投資の判断材料という視点で

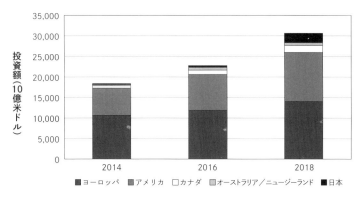

	2014	2016	2018	年平均成長率（％）
ヨーロッパ	10,775	12,040	14,075	6.9
アメリカ	6,572	8,723	11,995	16.2
カナダ	729	1,086	1,699	23.6
オーストラリア／ニュージーランド	148	516	734	49.2
日本	7	474	2,180	320.1
総額（10億米ドル）	18,231	22,839	30,683	13.9

出典：文献viii、ixを元に筆者作成

図I-4：サステナブル投資額の変遷（2014年・2016年・2018年）

　は、ESGの今後のさらなる拡大・浸透が予想される一方で、企業にとってはESGやSDGsについてもフィランソロピーからの脱却のような"本業化"への課題が存在する。この課題に関連して、ESGの"本業化"に向けて国内外でさまざまな対応がなされはじめている。

　例えば、生命保険協会が2019年4月に公表した報告書[xi]では、生保資産運用の社会的役割として「ESG投融資やスチュワードシップ活動の強化を図り、持続可能な社会の実現に貢献」することとし、企業に対する提言として、投資家が求める「統合報告書等を通じたESG取組の情報開示充実」と、「ESG取組の中期経営計画への組込」によって中長期的な企業価値向上につなげることを挙げてい

る。またイギリスでは、投資専門家の世界的協会の支部である
CFA UKが、近年投資家の間でESGへの関心が高まっていること
を受けて、投資専門家を対象に、通常業務にESG課題を統合する
ための技能と知識の習得を目的としたESG資格試験を2019年の12
月から実施することを発表した[xii]。さらに、同年7月19日付の日本
経済新聞[xiii]が紹介した、英紙フィナンシャル・タイムズ（FT）の
ニューズレター『モラル・マネー』7月17日号の記事によると、イ
ングランド銀行（英中央銀行）のカーニー総裁（当時）が気候変動
リスクを自発的に公表するように金融機関に求める圧力が高まって
いると強調した。同氏は「情報公開は数年のうちに義務化される可
能性が高い」と断言したうえで、「ガイドライン作りに影響を与え
たいと望むなら今からその活動に関わるべきだ」とも述べ、金融業
界に警告を発している。

　ただし、仮にこれらの提言や対応策が現実のものとなったとして
も、例えば非上場企業のように、ESGやサステナブル投資がすべ
ての企業や投資家に向けられたものではないという根本的な問題が
ある。ESGやサステナブル投資の拡大・促進が企業間格差につな
がる恐れもある。これら取り残された者がSDGsに取り組みながら
イノベーションや創造性を生み出し、企業価値を向上させる術はあ
るのか、ESGやサステナブル投資に代わるインセンティブは何か。
「誰一人取り残さない」ための方策が求められる。

3. サステナブル投資の定義と
    SRI・CSRとの関係

　企業活動を通じたSDGsへの取り組みのインセンティブとして、

成否の鍵となるのがサステナブル投資であり、その判断要因となるのがESGであることはこれまでにも触れてきたが、ここからは改めてサステナブル投資やESG、そしてCSRとの関係について述べたい。

　前節でも紹介したGlobal Sustainable Investment Alliance（GSIA）が隔年で公表している報告書[viii, ix, xiv, xv]によると、サステナブル投資を「ポートフォリオの選択やマネジメントにおいて、環境・社会・ガバナンスの要因（ESGファクター）を考慮した投資アプローチ」と定義づけている。本書でESG投資という名称をサステナブル投資と同義として使用している理由はここにあると考える。

　また報告書では、関連する責任投資（Responsible Investing）あるいは社会的責任投資（SRI）と厳密に区別せず、包括的にサステナブル投資として定義するとしている。これらが脚光を浴びはじめる契機のひとつに、「責任投資原則（PRI）」があるが、PRIにおいても「投資先企業の評価には従来の財務情報に加え、環境問題への対応（Environment）、社員の機会均等や地域社会への貢献などの社会的問題への対応（Social）、グローバル化に対応した経営体制や企業倫理などのポリシーといった企業統治（Governance）のような非財務情報を考慮するべき」とされていることから、責任投資あるいは社会的責任投資とサステナブル投資はほぼ同義と思われる。しかし、一方で（社会的）責任投資は「倫理観」に基づき、投資を通じて社会をよくすることが目的であるのに対して、サステナブル投資はESGに十分配慮できている企業への投資は長期的な企業価値向上やリスクの低減につながるという従来の投資判断と同様の考え方に基づくものとされている[xvi]。つまり、フィランソロピーか否かの観点においては、（社会的）責任投資とサステナブル投資

とは分けて考えるべきであろう。

　ここまでは主に投資家側の話をしてきたが、投資を受ける企業について考えると、サステナブル投資と（社会的）責任投資の関係はESGとCSRの関係に通ずる。CSRとは、企業が顧客、株主、従業員、取引先、地域社会など、企業を取り巻くさまざまな利害関係者（ステークホルダー）からの信頼を得るための活動とされている[xvii]。一方で、ESGはサステナブル投資において投資判断材料となる企業の環境・社会・ガバナンスに関する活動や情報を指す。ここで注意したいのは、CSRは企業側の視点で、ESGは投資側の視点で企業の社会的責任を見ている点である。先にも述べた通り、サステナブル投資においては、投資家は企業のESGへの取り組みを見て、その企業の価値向上とリスク低減という本来の投資判断をし、企業はESGに関する活動や情報を公開することによって投資家からの資金調達を可能にする。つまり、双方にとってサステナブル投資やESGに関する取り組みは、その定義や背景の通りであれば、フィランソロピーにはならないだろう。

3-1　サステナブル投資の方法と国内外の傾向

　GSIAは最初の報告書『Global Sustainable Investment Review 2012』[xiv]において、サステナブル投資は世界標準的に以下の7つに分類できるとしている。

　①ネガティブ／排他的スクリーニング（NEGATIVE/ EXCLUSIONARY SCREENING）：特定のESG基準に基づいて、あるセクターや企業あるいはその活動をファンドやポートフォリオから排除する方法。

②ポジティブ／ベスト・イン・クラススクリーニング（POSITIVE/
BEST-IN-CLASS SCREENING）：業界同業者と比べてESGに関す
る成果を挙げているセクター、企業あるいはプロジェクトへの投資。

③規範に基づくスクリーニング（NORM-BASED SCREENING）：
経済協力開発機構（OECD：Organization for Economic Cooperation
and Development）、国際労働機関（ILO）、国連、ユニセフなどに
よるビジネスに関する国際規範に基づき投資先をスクリーニング
し、最低基準に満たない企業を排除する方法。

④ESG統合（ESG INTEGRATION）：投資マネージャーによる
財務分析にESGファクターを体系的・明示的に含む方法。

⑤サステナビリティテーマ投資（SUSTAINABILITY THEMED
INVESTING）：サステナビリティに特化したテーマや資産への投
資（例えば、クリーンエネルギーやグリーンテクノロジー、持続可
能な農業など）。

⑥インパクト／コミュニティ投資（IMPACT/COMMUNITY
INVESTING）：社会（S）または環境（E）問題の解決に目的を絞っ
た投資。サービスが行き届いていない個人やコミュニティ（地域社
会）に特化した投資や、明確な社会・環境への貢献のための企業の
資金調達が含まれる。

⑦コーポレートエンゲージメント・株主アクション（CORPORATE
ENGAGEMENT AND SHAREHOLDER ACTION）：企業の行動に
対して株主権限の使用により影響を与えること。株主権限には、直
接的なコーポレートエンゲージメント（上級管理職や企業取締役会
との対話）、株主提案の提出あるいは共同提出、包括的なESGガイ
ドラインに基づいた議決権行使を含む。

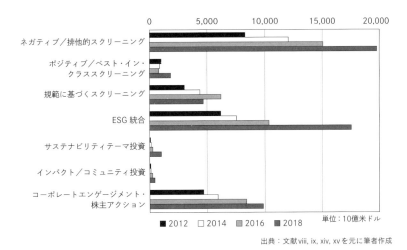

図I-5：サステナブル投資手法別投資額

　世界的に見ると、これらの方法のうちネガティブ／排他的スク
リーニング、続いてESG統合による投資額が多い（図1-5）。ネガ
ティブ／排他的スクリーニングには、ESGの観点から不適切な、
例えば兵器や原子力発電、児童就労や、最近では石炭火力発電にか
かわる企業への投資から撤退するいわゆる「ダイベストメント」な
どが挙げられる。投資判断やその結果の表れである株価は投資先企
業の非財務情報、特にネガティブな情報の影響を受けやすいという
通説[xvii, xviii]に従う結果となっている。

　一方、国や地域別で見ると、それぞれ状況が異なる。図1-6は日
本、ヨーロッパ、アメリカにおける2018年のサステナブル投資運
用額に対する各投資方法のシェアを示したものである。

　世界で最もサステナブル投資運用額が大きいヨーロッパは、全体
の傾向と同じくネガティブ／排他的スクリーニングが圧倒的に多く
全体の約42％を占めるが、年々減少傾向にあり、代わりにコーポ

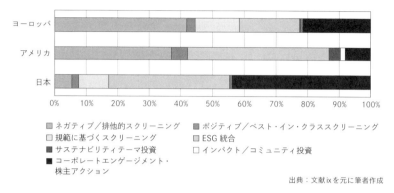

図1-6：国・地域別サステナブル投資手法のシェア（2018年）

レートエンゲージメントやESG統合方式が成長を続けている。ア
メリカではESG統合方式（約44％）とネガティブ／排他的スク
リーニング（約37％）が多くを占める。対して日本では、他の国・
地域と異なり、コーポレートエンゲージメント・株主アクションに
よる投資が最も多いが（約44％）、年々ESG統合方式（約38％）が
シェアを伸ばしつつある。

　これら傾向の違いは、国・地域あるいはそこで資産運用を行う投
資家のサステナブル投資を含む金融やESGに関する制度・規制の
整備状況、熟度、位置づけなどの違いを反映していると考えられる。

4. 国内外のサステナブル投資の現状

4-1　世界の主要なサステナブル投資市場の動向

　前節では、サステナブル投資手法が国や地域で異なることに触れ
た。この節では『Global Sustainable Investment Review』（以下、

GSIR）を中心に、より詳細に国や地域別のサステナブル投資およびESGの傾向について述べる。

　まず、GSIRがサステナブル投資の主要市場として挙げる5つの国・地域における2012年から2018年までの投資額の変遷を図1-7に、国・地域別のシェアの変遷を図1-8に示す。図1-7を見ると、いずれの国・地域も投資額については2014年の日本を除いて増加を続けている。特にヨーロッパとアメリカでの投資が多く、世界のサステナブル投資の趨勢を左右する存在であるといえる。一方で図1-8からは、最も投資額の多いヨーロッパのシェアが年々低下しているのに対し、その他の国・地域のシェアが高まりつつあることが見てとれる。なかでもアメリカと日本の伸びが大きく、さらに欧米が中心であったサステナブル投資市場においてアジアやオセアニアの存在感が増しつつあることから、将来的にはより多様な構成になることが予想される。

4-2　国・地域別のサステナブル投資市場の動向

1）　ヨーロッパ

　最も早くからサステナブル投資において存在感を示してきたのがヨーロッパ諸国である。サステナブル投資とほぼ同義とされる責任投資については、投資自体と同程度の歴史を有し、18世紀にまで遡るとされている[xix]。2018年版GSIRではすでに市場が成熟しつつあるとしているが、図1-7、1-8からも他の国や地域に比べて年々成長率が低下傾向にあるのは明らかである。

　この理由の一部として、一連のサステナブル投資、特にESGの基準や定義の厳格化が挙げられる。欧州委員会によってサステナブル金融政策をまとめるためのアクションプラン（例えばサステナブ

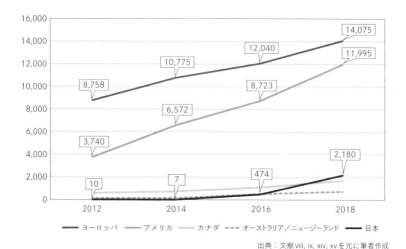

出典：文献viii, ix, xiv, xvを元に筆者作成

図I-7：サステナブル投資額の変遷（2012～2018年、単位：10億米ドル）

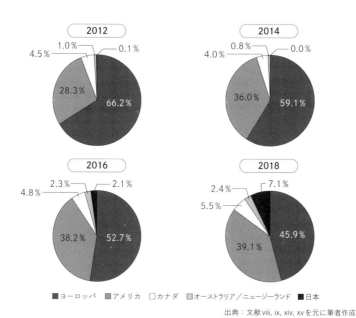

出典：文献viii, ix, xiv, xvを元に筆者作成

図I-8：サステナブル投資額の国・地域別シェアの変遷（2012～2018年）

18

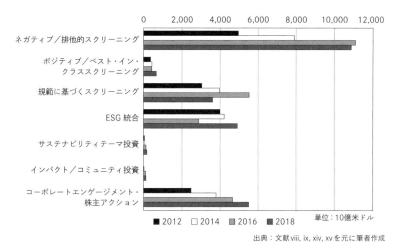

出典：文献 viii, ix, xiv, xv を元に筆者作成

図1-9：ヨーロッパにおける方法別投資額の変遷（2012〜2018年）

ル投資方法の分類法の整備やグリーンボンド基準、エコラベルの定義など）について検討され、2019年3月には同アクションプラン「Sustainable Finance Action Plan」に基づくルールが欧州議会において可決された。具体的には、アセットマネージャーに対し、どのようにESGファクターに配慮しているのかを明確にするため共通の報告基準を用いること、またグリーンウォッシュ[*1]の防止を求めている。

　以上の背景を受けて、図1-9に示すサステナブル投資方法の変遷にもいくつかの特徴が見られる。GSIAの欧州メンバーであるEurosif（European Sustainable Investment Forum）によると、データが示す事実上の要点として以下の2点を挙げている。

　1つめは、投資家は少なくとも何らかのかたちのESGファクターを考慮しなければサステナブル投資を実行できないということである。事実、2016年から2018年の間にESG統合による投資額は61％

という最も急速な成長を遂げた。2つめは、コーポレートエンゲージメントで運用された資産の強い成長によって経営が活性化している傾向が見られることである。コーポレートエンゲージメントによる投資額の成長率は14％であった。なお、2016年のESG統合による投資額が2014年と比べて減少しているが、この間にESG統合型投資の定義が縮小された影響であるとされている。

2）アメリカ

　世界のサステナブル投資市場においてヨーロッパに次いで投資運用額が多いのがアメリカであり、順調に成長を続けている。2018年はじめの投資額は約12兆米ドルで、世界の主要市場における投資総額の39％、またアメリカで投資専門家によって運用された全投資資産の26％を占める。このうちの97％に相当する11.6兆米ドルはESG基準（ESG criteria）を自身の投資分析やポートフォリオ選択に適用した投資運用会社やコミュニティ投資機関によるもので、その大半はESG統合およびネガティブスクリーニングが採用されている。図1-10に方法別の投資額の変遷を示す。なお、複数の方法を用いた場合については重複して投資額がカウントされている可能性がある。

　この傾向に関連して、US SIF（The Forum for Sustainable and Responsible Investment and the US SIF Foundation）が行った、141社の資金管理会社を対象としたサステナブル投資に関する調査によると、投資プロセスにESG基準を組み込む主な動機はクライアントからの需要との結果が得られている。このESG基準の中では気候変動が最も重視されており、気候変動に関する基準が適用された資産は2016年から2年間で2倍以上の3兆米ドルにもなったと

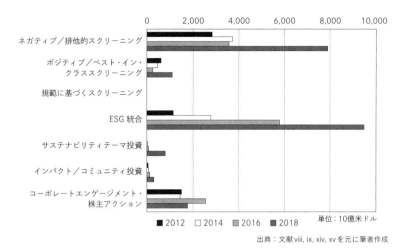

出典：文献viii, ix, xiv, xvを元に筆者作成

図I-10：アメリカにおける方法別投資額の変遷（2012〜2018年）

報告されている。また、ESG基準に関する同国の特徴としてタバコ関連企業と武器関連企業に対するダイベストメントが挙げられる。2018年における撤退額はそれぞれ2.9兆米ドル、1.9兆米ドルとなり、2016年の約5倍であった。

3）　日本

　GSIRが対象としている5つの国・地域の中で、最もサステナブル投資市場の成長が著しいのが日本である。2012年当初100億米ドルだった投資額は2018年時点で約22倍になり、国内での投資専門家による全運用資産の18％を占めるまでになった（2016年は3％）。この結果、ヨーロッパやアメリカとの差は未だあるものの、世界第3位のサステナブル投資市場となった。その急激な成長は図1-11の方法別投資額の変遷からも見てとれる。他の国・地域と異なり、日本ではコーポレートエンゲージメント・株主アクションによる投資

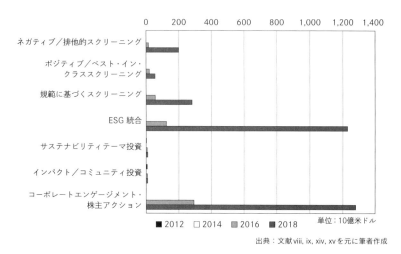

| | 0 | 200 | 400 | 600 | 800 | 1,000 | 1,200 | 1,400 |

ネガティブ／排他的スクリーニング

ポジティブ／ベスト・イン・
クラススクリーニング

規範に基づくスクリーニング

ESG 統合

サステナビリティテーマ投資

インパクト／コミュニティ投資

コーポレートエンゲージメント・
株主アクション

■ 2012　□ 2014　▨ 2016　■ 2018　　　単位：10億米ドル

出典：文献 viii, ix, xiv, xv を元に筆者作成

図 I-11：日本における方法別投資額の変遷（2012〜2018年）

額が最も多く、続く ESG 統合とで主流を占める。

　日本におけるサステナブル投資の成長要因として、GSIR は安倍内閣の経済成長戦略の一環としての継続的な民間投資の奨励と、国内の主要機関投資家の PRI への署名を挙げている。前者については、さまざまな政府機関による具体的な取り組みを伴うもので、2017年だけでも、①金融庁による日本版スチュワードシップコードの改正とそれに関するフォローアップ会議の開始、②経済産業省による持続的な企業価値を生み出す企業経営・投資のあり方やその評価方法をまとめた『伊藤レポート2.0』の公開と、その実践のための『価値協創ガイダンス』の整備、③環境省によるグリーンボンドに関するガイドラインの設立と、サステナビリティに配慮した投資を検討する ESG ワーキンググループが提起した課題との統合などがなされている。後者については、2015年に世界最大の機関投資家と言われる年金積立金管理運用独立行政法人（GPIF）、2016年に企業

年金連合会（Pension Fund Association）がそれぞれPRIの署名者となった。特にGPIFは、2017年7月に日本の株式を対象にした3つのESG指数を採用し、それぞれの指数に連動するパッシブ運用を開始した。さらに、グローバル株式を対象とする環境株式指数の公募・選定を行い、翌年には新たに2つの指数を加えた5指数と連動する運用を開始している[xx]。

　以上から、各国・地域により段階や状況は異なるが、今後のサステナブル投資市場においてESG統合あるいはそのための基準は、さらに拡大・深化していくことが予想される。

＊1　グリーンウォッシュ（Green wash）：消費者への訴求効果を狙い、企業やその商品、サービスなどが実態に反して環境配慮をしているかのように装うこと。グリーンウォッシング（Green washing）ともいう。

5.　脱炭素を促進するグリーンボンド

5-1　コロナ禍で改めて認識される持続可能な社会

　パリ協定は2015年に国連気候変動枠組条約第21回締約国会議（COP21）で採択され、SDGsは同年の国連サミットで採択された「持続可能な開発のための2030アジェンダ」に記載されている。パリ協定に参加する各国が提出する温室効果ガス排出削減目標やそれを達成するための国別目標（NDC：Nationally Determined Contribution）の適切な実施はSDGs達成の鍵を握っている。しかし、現在、各国が提出している2030年までの削減目標を足し合わせても温室効果ガスの大気中濃度を十分に下げられず、2100年までに約3℃気温が上昇してしまうと予測されている。そのなかで、

各国が5年ごとにNDCを見直し再提出する初めての機会となる
2020年は、今後の人類の未来にとって重要な年となるはずだった
が、新型コロナウイルス感染拡大により、国連気候変動枠組条約第
26回締約国会議（COP26）は2021年11月に延期が決定された。各
国がNDCの見直しを進め、日本を含む一部の国では目標の引き上
げが宣言されているが、現在新型コロナウイルスのパンデミックに
よる感染拡大の恐れと景気悪化の恐れ、どちらを優先するかで政府
は揺れている[xxi]。一方、海外渡航や外出禁止等、移動制限や経済活
動の制約により、二酸化炭素排出量は前年比5％以上減少する可能
性もあるとも報告されている[xxii]。このような状況下において、経
済、環境、そして社会的福祉への影響も考慮した新型コロナウイル
ス対策の実施が、持続可能な社会を構築するきっかけともなると考
えられる[xxiii]。

　34業界・33カ国に属する155の多国籍企業は、世界中の新型コ
ロナウイルスの影響に対する経済援助と復旧の取り組みを、産業革
命前と比較して世界の平均気温上昇を1.5℃未満に抑える政策と一
致させるように要請している[xxiv]。2050年までに温室効果ガスの排
出ゼロを目指す欧州グリーンディールのようなサステナビリティ政
策を通じた循環経済の促進、産業の活性化、生物多様性の保全、気
候変動の取り組み等、持続可能な開発にかかわる公共および民間投
資は、短期的には新型コロナウイルスの経済的影響への支援になる
ことに加え、中長期的にはSDGsを推進することにつながるため、
このように多面的な便益をもたらす投資をより一層促進することが
重要である。

　2007年から発行が開始されたグリーンボンドは、上述した持続
可能性の向上をもたらす投資を促進するビークル（手法）として大

きく期待されている。なぜなら、グリーンボンドは、温室効果ガスの削減や自然資本の劣化防止をはじめとした環境問題の解決に貢献する投資案件を高く評価する投資家へのアピール性が高いからである。環境改善事業を行おうとする自治体や民間企業などが債券を発行し、資金調達するための有効な手段として、グリーンボンド市場は発行以来拡大を続け、2019年には世界全体発行額が2,580億米ドル（約27.6兆円）を超えている[xxv]。さまざまな社会的変革が同時に求められるポストコロナ時代において、グリーンボンドは、持続可能性への影響を考慮した投資を促進するための重要なビークルとして一層その存在感を増すことになるだろう。

5-2　大きく成長を続けるグリーンボンド

　グリーンボンドとは、調達資金のすべてが環境関連のプロジェクト（グリーンプロジェクト）の初期投資またはリファイナンスのために使われ、その要件が証券にまつわる法的書類に適切に記載された債券である。国際資本市場協会（ICMA：International Capital Market Association）によって出版された『グリーンボンド原則』（GBP：Green Bond Principles）（2018）では、以下の通りに対象プロジェクトとなる事業区分が定められている。

1)「再生可能エネルギー」
2)「エネルギー効率」
3)「汚染防止及び抑制」
4)「生物自然資源及び土地利用に係る環境持続型管理」
5)「陸上及び水生生物の多様性の保全」
6)「クリーン輸送」
7)「持続可能な水資源及び廃水管理」

8）「気候変動への適応」

9）「高環境効率及び環境適応商品、環境に配慮した生産技術及びプロセス」

10）「地域、国または国際的に認知された標準や認証を受けたグリーンビルディング」

　グリーンプロジェクトの評価と選定の過程で、グリーンボンドを発行する自治体などの「発行体」は環境面での持続可能性にかかわる目的、戦略、政策を投資家に明確に伝えることが求められ、環境基準や認証にかかわるプロジェクト評価および選定については外部評価を受けることが奨励されている。さらに、毎年発行される報告書（インパクトレポート）で、発行体はグリーンボンドで調達した資金が充当されている各プロジェクトのリストおよび概要、充当された資金の額、期待される効果をはじめ、定性的・定量的、両方のパフォーマンス指標を使用すること、そして効果算出のための主要な方法論や過程の開示によってプロジェクトの透明性を高めることが奨励されている。

　2007年に欧州投資銀行（EIB：European Investment Bank）が世界で最初に6億ユーロの「気候変動への認知度を高める債券」というグリーンボンドを発行して以来、2018年までの世界中の気候変動およびグリーンビジネス関連の債券の発行量は約1.45兆米ドルに拡大した[xxvi]。図1-12は、GBPのグリーンボンド・フレームワークの中で対象とされている世界のグリーンボンド発行量の推移を示しており、2012年以降、2017年までに世界のグリーンボンド市場が大きく成長していることがわかる。この間に、経済協力開発機構（OECD）のグリーンボンド発行量は約115倍増加し、2017年

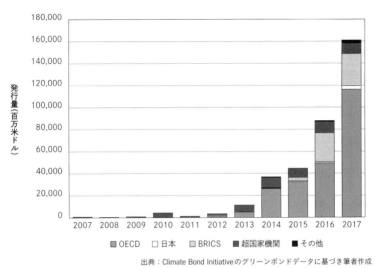

出典：Climate Bond Initiativeのグリーンボンドデータに基づき筆者作成

図I-12：世界における2007年から2017年までのグリーンボンド発行量

度の発行量は約115億米ドル（約12.3兆円）を超えている。同時に
日本の発行量も2017年度には約3.34億米ドル（約356億円）にま
で増加している。また、ブラジル・ロシア・インド・中国・南アフ
リカ共和国（総称してBRICS：Brazil、Russia、India、China、
South Africa）、国際連合等を含む超国家機関、またはその他の途上
国の発行量の増加傾向をみると、現時点でのグリーンボンド発行量
はOECD諸国と比較すると少ないものの、今後長期的には大きな
増加が期待される[xxvii]。

5-3 SDGsに貢献するグリーンボンド

GBPが定める気候変動の緩和、気候変動への適応、自然資源の
保全、生物多様性の保全、汚染防止および管理といった、ハイレベ
ルでの環境目的に貢献するグリーンボンド対象プロジェクトは、

6)
7) 持続可能な水資源及び廃水管理
9) 高環境効率商品、環境適応商品、環境に配慮した生産技術及びプロセス

12)
3) 汚染防止及び抑制
4) 生物自然資源及び土地利用に係る環境持続型管理
9) 高環境効率及び環境適応商品、環境に配慮した生産技術及びプロセス

7)
1) 再生可能エネルギー
2) エネルギー効率

13)
3) 汚染防止及び抑制
4) 生物自然資源及び土地利用に係る環境持続型管理
5) 陸上及び水生生物の多様性の保全
8) 気候変動への適応

9)
3) 汚染防止及び抑制
9) 高環境効率及び環境適応商品、環境に配慮した生産技術及びプロセス

14)
3) 汚染防止及び抑制
7) 持続可能な水資源及び廃水管理
5) 陸上及び水生生物の多様性の保全

11)
6) クリーン輸送
10) 地域、国または国際的に認知された標準や認証を受けたグリーンビルディング

15)
3) 汚染防止及び抑制
4) 生物自然資源及び土地利用に係る環境持続型管理
5) 陸上及び水生生物の多様性の保全

| SDG | グリーンボンドの対象プロジェクト（調達資金の使途目的） |

出典：国際連合広報センター xxviii と国際資本市場協会の「グリーンボンド原則 2018」xxix に基づき筆者作成

図1-13：グリーンボンドの各種対象プロジェクトとSDGsの関係

SDGsにも貢献する。SDGsの17のゴールとグリーンボンドとの関係を見てみよう。図1-13は、グリーンボンドの各種対象プロジェクトがSDGsのどのゴールに貢献するかを示す。17のゴールのうち、グリーンボンド対象プロジェクトは以下のSDGsのゴール達成に貢献する。

A) SDG 6（水・衛生）

B) SDG 7（エネルギー）

C) SDG 9（イノベーション）

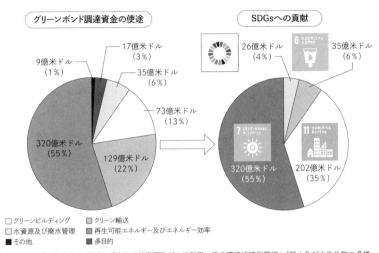

図1-14：グリーンボンド調達資金の使途とSDGsの各種目標との関係

D) SDG 11（都市）
E) SDG 12（生産・消費）
F) SDG 13（気候変動）
G) SDG 14（海洋資源）
H) SDG 15（陸上資源）

　実際に、筆者らが収集したグリーンボンド発行体のインパクトレポートに掲載されている調達資金の充当データをみると、グリーンボンドが、上述したSDGsにかかわるプロジェクトを大きく支えていることがわかる（図1-14）。2008年から2017年にかけて、53の国際開発金融機関、大手企業、政府機関等のグリーンボンド発行体が、約580億米ドル（約6.2兆円）の資金を再生可能エネルギー、

エネルギー効率、クリーン輸送、持続可能な水資源および廃水管理、グリーンビルディング等のプロジェクトに充当している[xxix]。SDGsの達成のために、2030年までに毎年5兆ドルから7兆ドルの投資が必要とされているなかで[xxviii]、このようなグリーンボンドからの膨大な充当額は、SDGsを達成するために必要な投資額とのギャップを埋める重要な役割を果たしている。

　筆者らが算出した、現在までにグリーンボンド資金を受け取った世界各国のプロジェクトによる持続可能性の向上に対する効果[xxx]は以下の通りである。

1）約1千万のCO_2換算トンの温室効果ガス排出削減
2）約1,500GWの再生可能エネルギー容量の増加
3）約573MWhの再生可能エネルギー発電量の増加
4）約7.4億MWhのエネルギー節約

　このように、グリーンボンドがSDGsに貢献することは明らかであり、グリーンボンドがSDGs達成のビークルとしてより一層活用されることが望まれる。

5-4　グリーンボンドファイナンスを通じた　　　サステナブル投資の促進

　これまで述べてきた通りサステナブル投資とは、年金基金等の大きな資産を超長期に運用する機関投資家等を中心に注目されている、従来型の財務情報だけではなく、環境、社会、ガバナンスの要素も考慮した投資手法である。サステナブル投資は、社会と環境の側面を優先した社会的責任投資（SRI）より財務リターンの高い手法であるのみならず、SDGsとの親和性が高いことからも近年関心

が高まっている。

　グリーンボンド発行体がプロジェクトを選定する過程で、環境面
での持続可能性や潜在的な環境的・社会的リスク等を投資家に明確
に報告するという原則や、専門性を有するコンサルタントや機関か
らプロジェクトの外部評価を受けるプロセスは、グリーンボンドの
透明性を担保する。グリーンボンドの高い透明性は、社会的責任投
資家や環境経営を求める投資家に強くアピールし、グリーンボンド
の発行までの過程における透明性の向上が、結果的にサステナブル
投資をさらに拡大させることにつながる。また、最新のデータを用
いて行われた筆者らの分析から、適切なNDCの策定がグリーンボ
ンドの活用（特に再生可能エネルギープロジェクトへの投資やファ
イナンス）を促進することが示唆されており[xxxi]、このような国際
的な合意事項やそれに則った各国の取り組みが強化されることに
よっても、グリーンボンドのさらなる活用を通じたサステナブル投
資の拡大が可能となる。

　また、サステナブル投資が注目されているなかで、環境、社会、
ガバナンスにかかわる情報の開示は企業のROAや財務実績の市場
評価に大きな影響を与える[xxxii]。そのため、これらの情報を積極的
に開示する企業は増加してきており、これはグリーンボンドのプロ
ジェクト評価プロセス・レポートのごとく企業活動の透明性を向上
させ、グリーンボンドのさらなる活用にもつながると考えられる。
親和性の高いサステナブル投資とグリーンボンドは、今後相乗的に
拡大することが期待される。

5-5　持続可能な社会づくりに貢献する投資

　新型コロナウイルスのパンデミックによる感染拡大の恐れと景気

悪化の恐れに各国が揺れる中、ポストコロナ時代には多面的な社会的変革が必要となる。そして、この点を考慮した持続的成長に向けた短・中・長期投資が求められている。近年拡大を続けるグリーンボンドは、今後も低炭素エネルギー、クリーン輸送、水と衛生等のSDGsの達成にかかわるインフラへの資金調達のビークルとして重要な鍵を握っている。また、グリーンボンドのプロジェクト評価プロセスや報告書等の発行原則によって、発行体の企業活動の透明性と中長期的な企業価値評価も改善され、これは環境整備や持続可能な発展を重視している投資家にとって大いに魅力的であり、サステナブル投資を継続的に促進すると考えられる。

6. グリーンボンドが加速させる サステナブル投資

6-1 グリーンボンドはどのようにSDGsを促進しているのか

SDGsは、2015年9月の国連サミットで採択された「持続可能な開発のための2030アジェンダ」において定められている17のゴール・169のターゲットから構成されるもので、2030年までに発展途上国と先進国双方が取り組む国際目標である[xxxiii]。国連貿易開発会議は、SDGsを達成するために2030年までに年間5～7兆米ドル（約538～753兆円）の公共および民間投資が必要不可欠であると推定している[xxviii]。2007年に発行が開始されたグリーンボンドの調達資金の使途は、気候変動の緩和と適応、自然資源や生物多様性の保全、汚染防止および管理等のSDGsにかかわる環境目的に貢献する適格プロジェクトに限定されている。p.28の、グリーンボンドの

各種対象プロジェクトがSDGsのどのゴールに貢献するかを示した図1-13をもう一度ご覧いただきたい。

　グリーンボンド原則によって、調達資金の使途は的確に管理され、発行後の投資家向けのレポーティングにおいてもその透明性が確保されている。このような特徴により、サステナブル投資を行う年金基金、保険会社などの機関投資家や運用機関、個人投資家の注目を集め、環境に優しいプロジェクト（すなわちグリーンプロジェクト）に対する投資・融資の原資を調達したい一般事業者、金融機関、地方自治体等が発行した世界全体での発行量は2019年は2,580億米ドル（約27.6兆円）を超えている[xxxv]。

　現在までの世界中のグリーンボンドの発行傾向をみると、調達資金がSDGsへの取り組みやサステナブル投資を継続的に促進していることがわかる。しかしながら、調達資金の配分先については、発行体がある国の発展状況等により大きく異なることが確認される。2017年までに96カ国の53の大手民間企業・金融機関・地方自治体によって調達された総額580億米ドル（約6.2兆円）の66％が北アメリカ・欧州連合でのプロジェクトや資産に配分されており[xxxvi]、そのうち、270億米ドル（約2.9兆円）が再生可能エネルギー関連のプロジェクト、3億米ドル（約300億円）がグリーンビルディングおよび低炭素輸送関連のプロジェクトに充当されている[xxxvi]。

　このように、グリーンボンドがSDGsやサステナブル投資を促進する重要な鍵となっていることは確かだが、その配分先の地域や対象プロジェクトには偏りが見られることも事実である。そのため、本節では、主に日本と欧州、北米の民間企業に焦点を当て、各国における民間企業およびその他金融機関によるグリーンボンド発行状況を概観し、その後日本の発行量トップ企業数社のグリーンボンド

活用事例について紹介する。

6-2　先進国におけるグリーンボンド活用状況の比較

　図1-15は2007年から2018年までの世界全体のグリーンボンド発行量の各地の発行割合を示している。欧米諸国における発行量が世界の6割を占めており、日本における発行量は世界の2％程度だ。しかし日本では、2015年に約900億円（約8.4億米ドル）のグリーンボンドが発行されて以降、年ごとの発行額が急増しており、2018年までに総額約8,000億円（約75億米ドル）が発行された。そのうち上位5つの発行体は下記の通りである。

1）日本政策投資銀行：約1.9千億円（約18億米ドル）

2）三菱UFJフィナンシャル・グループ：約1.3千億円（約12億米ドル）

3）三井住友フィナンシャルグループ：約1.2千億円（約11億米ドル）

4）トヨタファイナンス：760億円（約7.1億米ドル）

5）みずほフィナンシャルグループ：約630億円（約5.8億米ドル）

　世界の調達資金の使途傾向と同様に、日本の発行体でも再生可能エネルギー、エネルギー効率、クリーン輸送関連のプロジェクトへの投資やリファイナンスに資金が充当されている。

　表1-1は日本と、比較対象として欧州、北米それぞれの民間企業発行額上位10社の発行額とESGスコアを示している。ESGスコアとは環境（Environment）、社会（Social）、ガバナンス（Governance）の要素を考慮した企業のパフォーマンスと情報の透明性を評価したデータに基づきBloomberg社が算出した数値である。欧米の発行額上位10の発行体のESGスコアデータについては算出が行われていないものもあるが、日本の発行額上位10社の発行体の平均発行

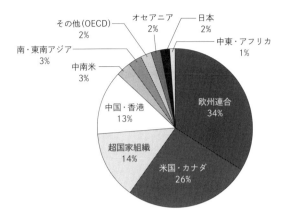

出典：Climate Bond Initiative のグリーンボンドデータに基づき筆者作成

図I-15：世界における2007年から2018年までのグリーンボンド発行額の地域別内訳

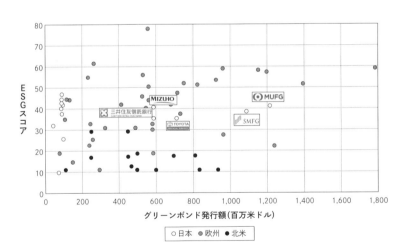

出典：Climate Bond Initiative のグリーンボンドデータと Bloomberg ESG データに基づき筆者作成

図I-16：日本、欧州、北米に位置している発行体のグリーンボンド発行額とESGスコア

表 1-1：日本、欧州、北米に位置している民間企業上位 10 社のグリーンボンド発行体

日本

ランク	発行体	発行額	ESGスコア
1	三菱UFJフィナンシャル・グループ	$1,214.81	39.91
2	三井住友フィナンシャルグループ	$1,086.45	41.23
3	トヨタ自動車	$710.49	35.54
4	みずほフィナンシャルグループ	$588.85	40.79
5	三井住友トラスト・ホールディングス	$588.35	35.53
6	日立キャピタル	$100.00	25.88
7	野村総合研究所	$97.78	42.15
8	日本郵船	$91.54	47.11
9	三菱地所	$91.18	42.98
10	リコーリース	$90.61	37.72
	総額	$4,660.06	

欧州

ランク	発行体	発行額	ESGスコア
1	イベルドローラ	$9,902.01	69.43
2	エンジー	$7,781.70	50.83
3	クレディ・アグリコル・CIB	$5,235.52	51.32
4	ベルリン抵当銀行	$2,887.30	--
5	エネル	$2,824.26	69.01
6	ヴァーサクローナン	$2,152.52	--
7	ABNアムロ銀行	$2,049.95	30.7
8	オブリビオン	$1,947.79	--
9	Paprec	$1,813.80	--
10	ウニベイル・ロダムコ	$1,785.28	59.09
	総額	$38,380.13	

北米

ランク	発行体	発行額	ESGスコア
1	トヨタ モーター クレジット株式会社	$4,600.00	--
2	バンク・オブ・アメリカ	$4,350.00	60.09
3	サザン・カンパニー	$3,144.10	--
4	Renovate America Inc.	$3,063.80	--
5	アップル	$2,500.00	50.24
6	テスラエナジー	$2,022.14	--
7	MidAmerican Energy Company	$1,550.00	--
8	TDバンク	$1,453.15	--
9	Terraform Power Inc.	$1,250.00	--
10	Ygrene Energy Fund	$1,126.23	--
	総額	$25,059.42	

出典：Climate Bond Initiative のグリーンボンドデータと Bloomberg ESG データに基づき筆者作成；
グリーンボンド発行額は百万米ドル（million USD）で表している

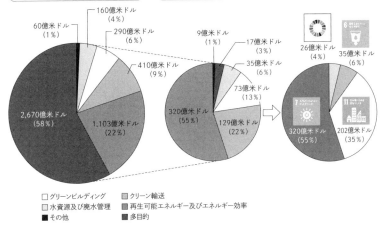

調査資金は十億米ドル(billion USD)で表している；「その他」は「汚染防止及び抑制」、「生物自然資源及び土地利用に係る環境持続型管理」、「陸上及び水生生物の多様性の保全」、「気候変動への適応」、「高環境効率商品、環境適応商品、環境に配慮した生産技術及びプロセス」を含む

出典：Climate Bond Initiativeのグリーンボンドデータと文献xxxのデータに基づき筆者作成

図1-17：2018年（第3四半期）までのグリーンボンド発行額および充当額の事業別内訳

量およびESGスコアは、欧米のそれと比較して低いことはご覧の通りである。また、図1-16から日本、欧州、北米の民間企業発行体のグリーンボンド発行量とESGスコアが正の相関を持つことが示されている。これは、グリーンボンドを発行している民間企業が、調達資金の使途についてのレポーティングをはじめ、自社の環境、社会、ガバナンスの情報も開示し、投資家と積極的にコミュニケーションをとろうとする傾向にあることを示していると考えられる。この傾向によって、グリーンボンドの発行は企業活動の透明性と中長期的な企業価値を向上させ、環境整備や持続可能な発展を重

視している投資家の興味を強く引き、サステナブル投資を継続的に促進することにつながると考えられる。

　図1-17は、グリーンボンド発行以降の総発行額および使途目的ごとの内訳、実際の充当先の事業区分、そしてSDGsの各目標にどのようにグリーンボンドが貢献しているかを示している。具体的には、約580億米ドルの調達資金の55％が再生可能エネルギーまたはエネルギー効率に関するプロジェクトへ充当され、SDG 7に貢献していることが確認できる。そして調達資金の35％がSDG 11を促進するグリーンビルディングとクリーン輸送関連のプロジェクトに充当されており、調達資金の残りの10％はSDG 6を促進する水・衛生にかかわるプロジェクトとその他のSDGsを促進する多目的なプロジェクトへ充当されている。

6-3　日本の発行体のグリーンボンドによる調達資金の使途

　日本のグリーンボンド発行体も、世界の傾向と同様にほぼすべての調達資金がSDG 7とSDG 11にかかわるプロジェクトのために使われている。例として、表1-1にも示されているように、日本国内の民間企業でグリーンボンドを最も多く発行している三菱UFJフィナンシャル・グループに焦点を当ててみる。同社は、持続可能な社会の実現およびSDGsの達成に貢献するために2030年度までに累計20兆円のサステナブル投資を実施することを目標に掲げており、グリーンボンドはその実現のための重要なツールとして位置づけている。同社の目標では、環境関連の投資として、国際資本市場協会（ICMA）によって出版された『グリーンボンド原則』（GBP）（2018）で定義されるグリーンボンドの対象プロジェクトの中でも、再生可能エネルギー、エネルギー効率改善、およびグ

リーンビルディングなどの気候変動の適用・緩和に資する事業へ資金を充当するとしている。

　同社は、2016年9月に初めて5億米ドルのグリーンボンドを発行し、2018年1月には5億ユーロ、2018年12月には1.2億米ドルのグリーンボンドを発行し資金調達を行っており、これらの調達資金は、SDG 7の目標達成を促進している。同社のインパクトレポートによると、グリーンボンドの発行を通して調達された資金は、合計で年間1.3千万MWhの発電量を有する太陽光発電および洋上・沿岸・陸上風力発電事業に充当され、690万トンの温室効果ガス（tCO₂e：tons of carbon dioxide equivalent）の排出削減につながっている[xxxvii]。また、2018年10月に発行された5億ユーロのグリーンボンドによる調達資金は、SDG 11の目標達成を促進する日本政策投資銀行のDBJ Green Building認証や建築環境・省エネルギー機構の建築環境総合性能評価システムによる不動産認証を持つオフィス、商業施設、その他のビルディング関連の事業に充当され、3,539 tCO₂eの温室効果ガス排出削減につながっている[xxxvii]。

　もうひとつの例として、グリーンボンドを通じて主にSDG 11の促進をしているトヨタ自動車のグリーンボンドの活用状況を紹介する。同社は、自動車1台当たりの平均CO₂排出量を「2050年までに2010年比で90％削減」することを目指しており、同社が掲げる「新車CO₂ゼロチャレンジ」の実現のためにグリーンボンドを活用している。2019年4月には600億円規模のグリーンボンドが発行され、現在までにハイブリッド車、プラグインハイブリッド車、燃料電池自動車等にかかわる事業に調達資金が充当されており、541,207 tCO₂eの温室効果ガス排出削減につながっている。

　さらに図1-18に含まれている三井住友信託銀行、みずほフィナ

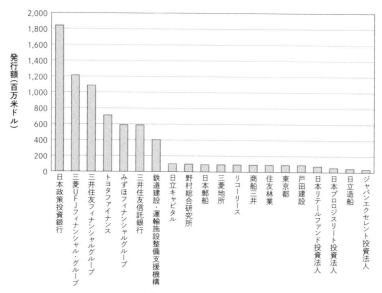

出典：Climate Bond Initiative のグリーンボンドデータに基づき筆者作成

図1-18：日本における2015年から2018年（第3四半期）までの各発行体の
　　　　グリーンボンド発行額

ンシャルグループ、その他の日本の発行体も上述の2社と同様にグ
リーンボンドの発行を通じて得た資金の充当により、SDGsの目標
達成へ貢献している。近年のグリーンボンド発行額の傾向から、
短・中期的には、日本において発行額は増加し続けると予測され、
これまで以上に再生可能エネルギーやクリーン輸送関連の事業へと
調達資金が充当されていくことが予想される。グリーンボンドの
SDGsの目標達成への貢献を強調し、投資家、金融機関ならびに政
治家のサステナブル投資への意思決定を促すために、発行体には、
温室効果ガス排出削減効果等の定期的に報告されている情報をはじ
め、持続可能な森林管理、廃棄物削減、水のリサイクリング等の環

境改善効果を含めた、より積極的かつ正確な報告がインパクトレポーティングでされることが期待される。

6-4　より幅広いSDGsへの貢献の必要性

　図1-17の傾向からみると、グリーンボンドによる調達資金のほとんどはSDG 7とSDG 11にかかわる事業に充当されている。しかし、世界の中にはSDG 6や他のゴールに対して積極的にグリーンボンドを活用している企業も見受けられる。例えば、インドの食品会社BRF S.A. は、持続可能な水資源および廃水管理、生物自然資源および土地利用に関する環境持続型管理、そしてエネルギー効率および再生可能エネルギー資産に計800万米ドル以上の資金を、グリーンボンドを通じて充当している。その結果、7,545 tCO2eの温室効果ガス排出削減、約35万km^{2}の森林の持続可能な管理、約334万m^{3}の水消費削減、2,769万m^{3}の水のリサイクル、28,000トンの廃棄物削減、255トンの梱包材削減、さらに25％の大豆ミール消費削減の達成を報告している。

　途上国におけるグリーンボンドの発行量の増加傾向をみると、現時点でのグリーンボンド発行量はOECD諸国と比較すると少ないものの、今後長期的には大幅な増加が期待される[xxvii]。BRF S.A. のように、途上国においても多様な持続可能性の向上につながるグリーンボンド活用の事例が出てきているなかで、グリーンボンドの活用を通じたより幅広いSDGsへの貢献が、今後より一層期待される。

〈参考文献〉

i 沖大幹，小野田真二，黒田かをり，笹谷秀光，佐藤真久，吉田哲郎（2018）『SDGs の基礎』，事業構想大学院大学出版部

ii UN-SPBF, We Lack Data for 68% of SDG Indicators, 2019.
https://un-spbf.org/2019/04/17/we-lack-data-for-68-of-sdg-indicators-closing-data-gaps-essential-to-achieving-SDGs/

iii 馬奈木俊介，中村寛樹，松永千晶（2019）『持続可能なまちづくり―データで見る豊かさ』，中央経済社

iv The Business & Sustainable Development Commission, Better Business Better World, 119p, 2017.

v パリ協定に基づく成長戦略としての長期戦略（2019）
http://www.kantei.go.jp/jp/singi/ondanka/kaisai/dai40/pdf/senryaku.pdf

vi 持続可能な成長のためのエネルギー転換と地球環境に関するG20軽井沢イノベーションアクションプラン（2019）
https://www.meti.go.jp/press/2019/06/20190618008/20190618008_16.pdf（2021年5月10日閲覧）

vii Google Trends　https://trends.google.com/trends/（2019年7月18日取得）

viii Global Sustainable Investment Alliance（GSIA）(2016)『Global Sustainable Investment Review 2016』
http://www.gsi-alliance.org/wp-content/uploads/2017/03/GSIR_Review2016.F.pdf

ix Global Sustainable Investment Alliance（GSIA）(2018)『Global Sustainable Investment Review 2018』
http://www.gsi-alliance.org/wp-content/uploads/2019/03/GSIR_Review2018.3.28.pdf

x 年金積立金管理運用独立行政法人（GPIF）(2018)『平成29年度ESG活動報告』

xi 一般社団法人生命保険協会）(2019)『生命保険会社の資産運用を通じた「株式市場の活性化」と「持続可能な社会の実現」に向けた取組について』

xii CFA Society United Kingdom（CFK UK), New ESG qualification for investment professionals to be launched this year by CFA UK
https://www.cfauk.org/media-centre/esg-certificate-press-release#gsc.tab=0

xiii 日本経済新聞 朝刊（2019/7/19付），「気候リスク開示、義務化も」規制、政府主導に危機感．

xiv Global Sustainable Investment Alliance（GSIA）(2012)『Global Sustainable Investment Review 2012』

xv Global Sustainable Investment Alliance（GSIA）(2014)『Global Sustainable Investment Review 2014』

xvi 日本サステナブル投資研究所（JSIL）(2016)「サステナブル投資とESG投資について」，日本サステナブル投資研究所（JSIL）レポート，pp.1-4
https://jsil.asia/download/5178556749447168/（2021年5月10日閲覧）

xvii 大和総研（2016）「ESGとCSR～期待される企業価値創造プロセスの開示～（EGS

投資を考える 第4回）」，ESGの広場，pp.1-4
https://www.dir.co.jp/report/research/introduction/financial/esg-investment/
20160122_010555.pdf（2019年12月19日閲覧）

xviii Julian F. Kölbel, et al.（2017）, How Media Coverage of Corporate Social Irresponsibility Increases Financial Risk, Strategic Management Journal, 38（11）, pp.2266-2284.

xix Schroders, A short history of responsible investing, GLOBAL INVESTMENT STUDY
https://www.schroders.com/en/insights/global-investor-study/a-short-history-of-responsible-investing-300-0001/（2020年4月13日取得）

xx 年金積立金管理運用独立行政法人『GPIFのESG投資への取り組み』
https://www.gpif.go.jp/investment/esg/#c（2020年4月27日閲覧）

xxi 馬奈木俊介（2020/4/26付），「命を守り、経済を守るために採るべき政策とは」．論座．
https://webronza.asahi.com/business/articles/2020042500005.html.

xxii Nasralla, S., Volcovici, V., Green, M.（3 April 2020）"Coronavirus could trigger biggest fall in carbon emissions since World War Two." Reuters.
https://uk.reuters.com/article/uk-health-coronavirus-emissions/coronavirus-could-trigger-biggest-fall-in-carbon-emissions-since-world-war-two-idUKKBN 21L0KC.

xxiii Larkin, M.（14 May 2020）"The European Green Deal must be at the heart of the COVID-19 recovery." World Economic Forum.
https://www.weforum.org/agenda/2020/05/the-european-green-deal-must-be-at-the-heart-of-the-covid-19-recovery/.

xxiv Science Based Targets initiative（19 May 2020）UN Global Compact, We Mean Business coalition, "Over 150 global corporations urge world leaders for net-zero recovery from COVID-19." Science Based Targets.
https://www.wemeanbusinesscoalition.org/press-release/business-ambition-statement/（2021年5月10日閲覧）

xxv Climate Bonds Initiative（CBI）（2020）, 2019 Green Bond Market Summary. London: CBI.

xxvi Climate Bonds Initiative（CBI）（2018）, Bonds and Climate Change: The State of the Market 2018. London: CBI.

xxvii Tolliver, C., Keeley, A.R., Managi, S.（2020）, Drivers of green bond market growth: The importance of Nationally Determined Contributions to the Paris Agreement and implications for sustainability. Journal of Cleaner Production 244, 118643. 2020a
https://doi.org/10.1016/j.jclepro.2019.118643.

xxviii 国連貿易開発会議（2014），World Investment Report 2014–Investing in the SDGs: An Action Plan. Geneva: UN Publications.

xxix 国際資本市場協会（2018），「グリーンボンド原則2018」．

https://www.icmagroup.org/green-social-and-sustainability-bonds/green-bond-principles-gbp/.

xxx Tolliver, C., Keeley, A.R., Managi, S.（2019）, Green bonds for the Paris agreement and sustainable development goals. Environmental Research Letters 14（6）, 064009.
https://doi.org/10.1088/1748-9326/ab1118.

xxxi Tolliver, C., Keeley, A.R., Managi, S.（2020）, Policy targets behind green bonds for renewable energy: Do climate commitments matter? Technological Forecasting and Social Change 157, 120051. 2020b.
https://doi.org/10.1016/j.techfore.2020.120051.

xxxii Xie, J., Nozawa, W., Yagi, M., Fujii, H., Managi, S.（2019）, Do environmental, social, and governance activities improve corporate financial performance? Business Strategy and the Environment, 28, 286-300.
https://doi.org/10.1002/bse.2224.

xxxiii 外務省（2020）,「持続可能な開発目標SDGsとは」.
https://www.mofa.go.jp/mofaj/gaiko/oda/SDGs/about/index.html.

xxxiv 国連貿易開発会議（2014）, World Investment Report 2014–Investing in the SDGs: An Action Plan. Geneva: UN Publications.

xxxv 国際資本市場協会（2018）,「グリーンボンド原則 2018」.
https://www.icmagroup.org/green-social-and-sustainability-bonds/green-bond-principles-gbp/.

xxxvi Tolliver, C., Keeley, A.R., Managi, S.（2019）, Green bonds for the Paris agreement and sustainable development goals. Environmental Research Letters 14（6）, 064009.
https://doi.org/10.1088/1748-9326/ab1118.

xxxvii 三菱UFJフィナンシャル・グループ（MUFG）(2020),「グリーン／ソーシャル／サ ステナビリティボンド」.
https://www.mufg.jp/ir/fixed_income/greenbond/index.html.

第2章
ESGスコアと新国富指標

1. ESGスコアから見る日本企業の取り組み

1-1　ESGスコアと企業の取り組み

　第1章で紹介したように、企業のESGに対する取り組みへの関心は年々高まっている。さらに企業の社会的責任は、国際機関、各国政府、従業員、地域社会といったあらゆる利害関係者からさまざまなかたちで求められているため、企業が社会の一員として存続するには向き合わざるを得ないテーマとなりつつある。しかしながら企業は利益を上げ続けなければ存続できないことも事実であり、利益の追求と社会的責任の遂行が必ずしも両立するわけではないことは想像に難くない。このように社会的責任と利益追求という両立が難しいテーマに対し、いかにバランスをとって取り組むかは大きな課題である。さらには、企業の規模や産業の特徴によってはESGに積極的に取り組まざるを得ない場合や、取り組む余力がない場合、取り組まなくても経営上問題ない場合などあらゆるパターンが考えられる。

　ではどのようなタイプの企業がESGに積極的に取り組み、投資家はどのような企業のESGへの取り組みを評価するのだろうか。まず本節では、企業の利益と成長性に関する指標が、それぞれ企業のESGへの取り組みとどのような関係があるかを示す。

　ESGは2000年代半ばにはすでに示されていたテーマではあるが、わが国で注目が集まったのは年金積立金管理運用独立行政法人（GPIF：Government Pension Investment Fund）が責任投資原則（PRI：Principles for Responsible Investment）に署名した2010年代後半である。このような状況のなかで、日本企業のESGへの取

り組みは世界の企業と比べるとどのように位置づけられ、それが投資家にどのように評価されているのであろうか。本節の後半ではこの点について検証する。

　企業のESGに対する取り組みはさまざまな機関によって評価され、そのスコアが公表されている。代表的な国際的ESG評価機関には、例えばBloomberg社（米）などがある。機関によって評価の注目点が異なり、企業の開示情報やメディアなどのデータをもとに、「地球温暖化」「労働マネジメント」「租税回避」などのキー・イシューを設定するところもあれば、企業の開示情報をもとに、ESGの各課題に対して企業が直面しているリスクとそれに対する改善行動を評価するところもある。Bloomberg社によるESGスコアも企業による開示情報のみに着目したスコアとなっている。このように、一言でESGスコアといっても機関によって評価の仕組みやポイントは異なっている。また、それに伴って評価されている企業数や対象となる国々も異なってくる。開示情報やニュース記事に着目してスコアを作成する場合、情報は先進国の大企業に集中することも考えられる。

　評価機関によって何に評価の重点を置くかが違うため、企業のESGへの取り組みをとらえるにはこれらのスコアの特徴を考慮しながら利用することが必要であろう。一方で、筆者がESGに関するPR事業を行っている企業の担当者にヒアリングをするなかで、これら代表的な機関が設定するESGスコアの引き上げを目標としてESGに取り組んでいる企業が増えつつあることがわかっている。このようなことからも、評価機関が示すESGスコアには、企業のESGに対する姿勢が何らかのかたちで反映されていると考えられる。評価機関が設定する投資家目線の評価基準と、社会的に重要な

課題が必ずしもすべて一致するとは限らない。しかしながら評価機関が設定するスコアを高めるという企業の戦略は、投資家からの評価が高まるという点において企業の経営戦略上価値のある行動と、社会的責任の遂行という直接的には利益につながらない行動との一致を模索しているかたちともとらえられる。あらゆる評価機関のESGスコアをもとに、企業の社会的責任の遂行とその社会へのインパクトをいかに明らかにしていくかは大きなテーマであろう。

1-2　短期的収益性と長期的成長性の観点から評価した国内におけるESGランキング

　ここでは筆者らの研究[i]の一部を紹介する。日本国内の企業のESGへの取り組みとその取り組みに対する評価をもとに、各企業の国内および世界におけるランキングを示す。当研究ではESGスコアを用い、産業の特徴や企業の特徴などESGスコアに影響を与えうる要素を取り除いたうえで、企業の経常利益とESGスコアの関係、および成長性の指標とESGスコアの関係を数値化した。さらにESGスコアと企業利益および株価の関係を、国別産業別に示す。これらの指標から、ESGスコアをみることで、企業の持続可能性（または長期的な成長）や企業価値が推察できるのである。

　表2-1は製造業において企業収益とESGスコアの相関が大きい企業から順に並べたものである。これらの企業は、成長にあわせてESGにも経営資源を振り分けている企業である可能性がある。産業別にみるとダイヘンやGSユアサなど電気機器産業が上位を占めている。さらに、E（環境：Environment）、S（社会：Social）、G（ガバナンス：Governance）それぞれの利益との関係を見てみると、必ずしもすべての項目の評価が高いというよりも、E・S・G

表2-1：ESGスコアと企業利益の関係をもとに作成したESGランキング。製造業のみを示す。子会社などは除外。総合10位以下は主要企業を数社抜粋。

企業名	業種	総合	E	S	G
ダイヘン	電気機器	1	4	1	4
ジーエス・ユアサコーポレーション	電気機器	2	5	5	2
オムロン	電気機器	3	3	11	7
三菱電機	電気機器	4	1	30	5
富士電機	電気機器	5	13	16	1
安川電機	電気機器	7	6	18	13
ENEOS	石油	8	11	10	19
横河電機	電気機器	9	16	8	23
日立製作所	電気機器	12	14	28	10
京セラ	電気機器	15	12	6	40
ブリヂストン	ゴム製品	17	21	32	3
島津製作所	精密機器	18	29	12	12
デンソー	輸送用機器	25	18	7	42
トヨタ自動車	輸送用機器	30	19	40	34
マツダ	輸送用機器	34	35	25	30

いずれかに取り組みを特化している傾向がうかがえる。例えば、富士電機や三菱電機など総合的なランキングが高い企業でも、Sの部門では取り組みが及ばないものの、EやGの取り組みに強みを活かしているという企業も見受けられる。逆に横河電機などはSの取り組みに特化している可能性がある。

　各企業において同業他社との競争関係などビジネスを取り巻く環境上、E・S・Gのすべてに全力を注ぐことが困難なことは十分に考えられる。例えば、取引が急に増えて人材の確保が追い付かずに長時間労働を強いてしまう場合や、逆にグリーンテクノロジーに投資をすることで税制上も競争上も優位に立てるという場合などである。このような背景から、各企業が取り組みやすいテーマに集中し

表2-2：ESGスコアと企業の成長性の関係をもとに作成したESGランキング。
製造業のみを示す。子会社などは除外。総合10位以下は主要企業
を数社抜粋。

企業名	業種	総合	E	S	G
ダイヘン	電気機器	1	5	1	4
ジーエス・ユアサ コーポレーション	電気機器	2	6	5	2
オムロン	電気機器	3	3	12	7
富士電機	電気機器	4	14	17	1
三菱電機	電気機器	5	1	33	5
安川電機	電気機器	7	7	19	14
ENEOS	石油	8	12	11	20
横河電機	電気機器	10	17	9	24
日立製作所	電気機器	12	15	30	10
ブリヂストン	ゴム製品	17	22	35	3
京セラ	電気機器	18	13	7	43
島津製作所	精密機器	19	31	13	12
デンソー	輸送用機器	31	19	8	45
トヨタ自動車	輸送用機器	35	20	43	37
マツダ	輸送用機器	37	37	28	32

ているのかもしれない。

　ではこれらの企業のESGに対する取り組みは投資家にどのように評価されているのだろうか。企業の成長性に対する市場の評価は株価に表れると想定して、株式時価総額と債務時価総額の和を企業の総資産の価値で割った値を企業の成長性の指標として扱う。この値が1を超えていると、その企業の将来の収益力が現在の資産の価値よりも高くなる。一般にこれは、企業の成長性が市場から評価されていることを示し、設備投資を拡大することが望ましいとされている。表2-2は製造業における企業の成長性の指標とESGスコアの相関を高い方から順に並べたものである。長期的に成長する見通しがある企業はESGにも積極的に取り組んでいるか、あるいは逆に

表2-3：ESGスコアと企業利益の関係をもとに作成したESG国際ランキング。
製造業のみを示す。子会社などは除外。

企業名	業種	総合	E	S	G
ダイヘン	電気機器	4	12	13	169
ジーエス・ユアサ コーポレーション	電気機器	12	13	45	160
オムロン	電気機器	19	10	93	179
三菱電機	電気機器	23	5	189	174
富士電機	電気機器	26	32	106	119
安川電機	電気機器	35	14	117	222
ENEOS	石油	44	24	87	246
横河電機	電気機器	64	39	77	280
日立製作所	電気機器	79	36	181	213
京セラ	電気機器	103	27	72	361
ブリヂストン	ゴム製品	110	77	208	163
島津製作所	精密機器	137	146	98	219
デンソー	輸送用機器	213	72	75	365
トヨタ自動車	輸送用機器	252	73	292	318
マツダ	輸送用機器	264	199	178	302

ESGへの取り組みが盛んな企業が投資家からその成長性を評価されている可能性が考えられる。表2-2と表2-1の結果を比べると、順位にほぼ変動はない。本来、設備投資など収益に直接つながる活動があるにもかかわらず、ESGに積極的に経営資源を配分する企業の戦略は、一見すると投資家から評価されづらいということも予想される。しかし実際は、短期的な収益をESGにも配分している企業は、投資家から長期的に成長するであろうと予想されている可能性があるということが明らかになった。

1-3　世界における日本企業の位置づけ

　表2-3は表2-1と同じように収益とESGの相関をもとに順位を示しているが、日本国内ではなく世界における日本の各企業の位置づ

表2-4：ESGスコアと企業の成長性の関係をもとに作成したESG国際ランキング。製造業のみを示す。子会社などは除外。

企業名	業種	総合	E	S	G
ダイヘン	電気機器	4	16	15	223
ジーエス・ユアサ コーポレーション	電気機器	15	17	53	210
オムロン	電気機器	25	13	119	235
三菱電機	電気機器	31	39	139	154
富士電機	電気機器	32	8	243	230
安川電機	電気機器	53	18	151	291
ENEOS	石油	64	32	115	325
横河電機	電気機器	91	50	99	371
日立製作所	電気機器	109	47	234	280
京セラ	電気機器	166	33	90	465
ブリヂストン	ゴム製品	149	95	269	212
島津製作所	精密機器	179	178	126	286
デンソー	輸送用機器	301	90	97	469
トヨタ自動車	輸送用機器	331	91	376	415
マツダ	輸送用機器	341	242	230	398

けを示している。対象となった企業数は製造業477社であるが、そのなかでも電気機器産業は比較的積極的にESGに経営資源を振り分けている可能性がある。さらに、Eへの取り組みについては三菱電機が5位、オムロンが10位など国際的にみてもきわめて積極的に取り組んでいることがわかる。一方で、Gについては国内のランキングでは1位の富士電機でも119位など、諸外国に対して後れを取っていることがわかる。逆にGのインパクトが小さくても、それ以外の2つへの取り組みが評価されているため、総合的には国際的な評価が高いともいえるだろう。

　国内企業同士の比較では収益とESGスコアの関係は、ほぼ投資家からの評価と対応していたが、国際比較をした場合は違う傾向が見えてくる。表2-4は成長性とESGの関係を示したランキングであ

る。国内ランキング同様、ダイヘンは投資家の評価も非常に高いが、それ以外の企業についてはESGと収益のランクよりも、ESGと成長性のランクの方が下回る傾向にある。

　ESGへの取り組みは欧州の企業の方が進んでいるという印象を受けがちであるが、企業利益との関係でとらえると日本企業も取り組みを強化している姿が見えてくる。一方で、実際の企業の取り組みに対して投資家の評価は伴っていない可能性がある。ESGへの取り組みを効果的にアピールする機会を逃していたり、長期的な評価につながらないようなESGの取り組みをしているなどの可能性があるが、さらなる検証が必要であろう。

1-4　環境対策は強く、ガバナンス対策が弱い日本企業

　これまでは個別企業の特徴を見てきたが、最後に産業別のESGスコアと株価の関係を見る。図2-1および図2-2は「輸送用機器」「電気機器」「小売」「卸売」についてESGの合計スコアが上昇したときの企業利益の上昇率と、株価の上昇率を示したグラフである。濃いグレーはEU諸国、薄いグレーは日本を示している。一方、図2-3と図2-4はE・S・Gそれぞれが1ポイント増加したときの株価の上昇率を日本とEU諸国について示したものである。

　図2-1と図2-2からは積極的なESGの取り組みは、利益および株価の上昇と関係性があるということが確認できる。しかしながら、日本企業は全体として欧州の企業と比べると、ESGの取り組みと利益および株価の関係が弱いということがわかる。

　次に図2-3と図2-4を見てみると、Gスコアと比較するとEとSは日本とEU諸国で大きな差はなく、EスコアについてはおおむねEU諸国よりも株価との相関が大きいことがわかる。逆に、Gスコ

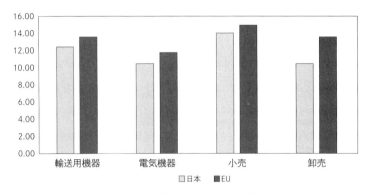

図2-1：ESGスコアの上昇に対する企業利益の上昇率（％）

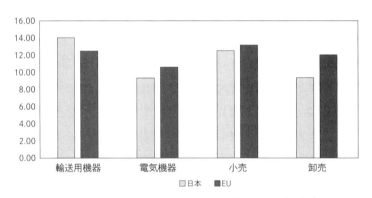

図2-2：ESGスコアの上昇に対する株価の上昇率（％）

アと株価の相関に大きな差がみられた。欧州ではガバナンスが良好な企業は株価も高くなっている傾向にあるが、日本の場合はガバナンスの改善がそれほど株価に反映されていない。表2-3と表2-4の傾向と合わせると、ここ数年で企業業績が改善傾向にあるなかで、ガバナンスは他国の企業よりも改善されない一方で、環境対策は進展したことが背景にあると考えられる。この点からも日本企業のガバナンスの改善の必要性と、先進的な環境対策をうかがい知ること

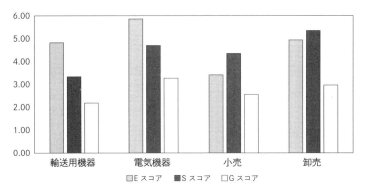

図2-3：日本企業のESGスコアの上昇に対する株価の上昇率（％）内訳

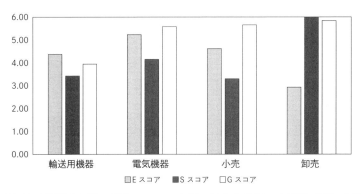

図2-4：EU諸国企業のESGスコアの上昇に対する株価の上昇率（％）内訳

ができる。

1-5　企業価値を高めるためにもガバナンス対策を

　本節ではESGスコアをもとに日本企業のESGへの取り組みの特徴と、それに対する投資家からの評価を示した。電気機器産業では利益を上げている企業はESGにも積極的に取り組んでおり、同時に長期的な成長性との関係も強いことがわかった。また各企業は

E・S・Gのうちそれぞれの得意な分野に力を入れている姿もみえた。これらの企業の一部は国際的にみてもESGを積極的に進めているものの、投資家からはそれが将来的な企業収益の増加とその企業の存続可能性につながっているとは評価されにくくなっている現状も浮かび上がった。また国際比較の結果として、環境の取り組みについては国際的なランキングが高い反面、ガバナンス対策で課題を抱えているという日本企業の特徴が明らかになった。一般に日本企業のガバナンス面の課題は従来から指摘されているが、改めてESGの評価を高めて投資家にアピールするという点からもガバナンスの強化が必要であるということがいえよう。国際比較の結果を見るとESGのうちEとSについては十分な対策と評価が与えられているため、ESGの総合的な評価を高めていくにはガバナンスに力を入れる方が効率的なのであろう。しかし実際はそうなっていないことからも、何がガバナンスの推進を阻害しているかについてさらなる検証が必要であるといえる。

2. さまざまな指標と包括的評価の課題

　SDGsや、企業の環境、社会や企業統治への配慮を評価するサステナブル投資など、"持続可能な社会の実現"に向けた取り組みへの期待が高まっている。SDGsへの取り組みは、前の章で紹介したサステナブル投資のような、企業価値を高め新たな投資を呼び込むビジネスチャンスになる可能性が高い。

　しかし、達成ゴールの分野は広範にわたり、明らかな効果がわかりにくいものも多い。企業や自治体において何らかの取り組みを講じる場合、その進捗や成果を測り評価する「ものさし」となる指標

が必要である。

2-1　富や豊かさを測る数々の指標

　富や豊かさについての評価指標は数多い。

　例えば、国の発展を測るものとして、経済の生産性を示す国内総生産（GDP：Gross Domestic Product）は最もよく使われている指標のひとつである。GDPは、ある期間内に生産された財・サービスの付加価値を測っていることから、経済活動の規模とその変化を表すのに有益な指標である。しかしながらGDPが表せない側面として、家庭内労働や財・サービスの質の向上、人々の生活満足度や幸福度、経済の持続可能性といったものが挙げられる。そこで、所得に識字率、平均余命を考慮し、経済学者のアマルティア・センらが開発にかかわった「人間開発指数」（HDI：Human Development Index）では、保健、教育、所得という人間開発の側面から豊かさを測ろうとしており、所得水準や経済成長率など、国の開発の度合いを測るためにそれまで用いられていた指標にとって代わるものとして導入されている。また、ジェニュイン・セイビング（Genuine Saving）のように、人的資本への投資や自然資源の収奪、公害による損害などを考慮に入れた経済の貯蓄率によって国の富の変化を表す指標の開発と実装も進められている。

　自治体レベルで見ることができる指標もある。例えば、建物や建築物の環境性能を評価するために開発されたCASBEEは、その知見を拡張し都市の環境性能を環境、社会、経済の視点から総合的に評価する「CASBEE-都市」といった評価指標をつくっている。また、自治体の状況を把握するには、内閣府と経済産業省による「地域経済分析システム」（RESAS）などがあり、地域経済にかかわる

企業間取引や人の流れ、人口動態等のデータを可視化するシステム
が公開されている。

　より環境面に焦点を絞った指標には、イエール大学とコロンビア
大学が開発した、大気の質や衛生、気候変動、生物多様性などの指
標から多角的にみた環境の健全性と生態系の活力についての指標で
ある環境パフォーマンス指標（Environmental Performance Index）
や、人の環境影響についてのエコロジカル・フットプリント
（ecological footprint）などがある。ちなみに、提唱者のワクナゲル
が創設したGlobal Footprint Networkの調査によると2014年、人間
の需要量を生態系が再生産できるバイオキャパシティは一人あたり
1.68haであるが、それに対して日本は一人あたり4.74haが必要と
される。気候変動、生物多様性の欠損、窒素やリンの量、海の酸性
化、土地利用の変化などから地球の限界をみるプラネタリー・バウ
ンダリーでは、気候変動や生物の絶滅の速度は、人間が安全に活動
できる境界を超えるレベルに達していると指摘している。

2-2　環境・経済・社会を包括的に評価する

　SDGsの重要なキーワードは、「包括的な成長」（Inclusive
Growth）だ。そのゴールは、環境にかかわるもの、社会にかかわ
るもの、健康・教育にかかわるもの、ガバナンスにかかわるものと
多岐にわたる。つまり、経済成長だけではなく、環境・経済・社会
の持続可能性を実現し、包括的な成長を目指すことである。前述し
た指標は、ある側面を測ることはできたが"包括的"にみることが
できなかった。前述の通りであるが、経済指標としてよく用いられ
るGDPについては、自然環境を破壊して工場をつくり公害を引き
起こし住民の健康を害したとしても、インフラや商材を製造するこ

とでGDPを上げることはできる。しかし、GDPが上がったとして
も自然や健康は損なわれてしまうことになり、補完する指標が必要
となる。HDIは国連でよく使われていたが、指標の単純さと応用
可能性の問題が出ているため、今は注目されていない。CASBEE-
都市は建築に寄った指標であり、環境パフォーマンス指標は環境に
寄ったものになっている。

　また、環境や健康、教育、経済といった私たちの社会全体の内容
についての指標や自治体レベルでの指標を利用し、何らかの戦略を
考えようとした場合、それぞれの側面をとらえるだけではなく"包
括的な成長"を目指しひとつの指標で示すことができる方が望まし
いだろう。

　そこで、次に紹介するのが新国富指標（IWI：Inclusive Wealth
Index）である。新国富指標は、持続可能性を包括的に評価するた
めに作られた指標であり、「現在を生きる我々、そして将来の世代
が得るであろう福祉を生み出す、社会が保有する富の金銭的価値」
を指す。では、詳しくみてみよう。

3. 新国富指標とは何か

3-1　国や地域によるSDGs達成の評価指標「新国富指標」

　前節で述べたように、SDGsが前提とする包括的な「持続可能性」
を判断するためには、既存の評価指標では不十分である。その問題
に対応し得るとされる指標が、2012年の国連持続可能な開発会議
（リオ＋20）において提示された。「新国富指標」は、GDP（国内
総生産）やHDI（人間開発指数）といった従来の指標では国や地

域の全財産（富、豊かさと同義と考えてよい）をとらえられていないという共通の認識を背景に、富のさまざまな要素を包括的に分析することを目的とし[ii, iii]、国連大学 地球環境変動の人間・社会的側面に関する国際研究計画（UNU-IHDP）と国連環境会議（UNEP）を中心に多くの専門家らによって調査・研究がなされた成果である。これまで明確に示されなかった国や地域の政策で持続可能性が改善されたかどうかを、この指標の増減で簡便に判断できるという点で優れており、SDGsの成果指標として大きく期待されている[iv]。

3-2　新国富指標の計測手法

　新国富指標は人工資本・人的資本・自然資本の3つの資本を金銭に換算したものを合計することで、国や地域、都市などにおける包括的な豊かさを可視化するものである（図2-5）。図2-6に新国富指標の各資本群とSDGsのゴールの関係を示す。さらに、この関係をふまえて、新国富指標の成長とSDGsのターゲットとの関係を推計した結果を図2-7に示す。新国富指標の各資本の成長率の変化は各シナリオ設定によることから、政策によってターゲットの達成度が異なると解釈できる。この図では、例えば病院や衛生施設の整備といった人工資本を増加させる政策が5歳未満児死亡率と新生児死亡率に最も効果的な結果をもたらすといえる。このように、国や地域、都市の新国富指標や各資本群の分布および成長率を用いることで、完全にではないにせよSDGsの各目標の達成度や施策の評価が可能になると考える。

　新国富指標は、2つのプロセスから算出される。まず、インフラがかかわる人工資本、教育や健康がかかわる人的資本、農地や森林がかかわる自然資本の3つの資本の価値を計算し、次に調整を行

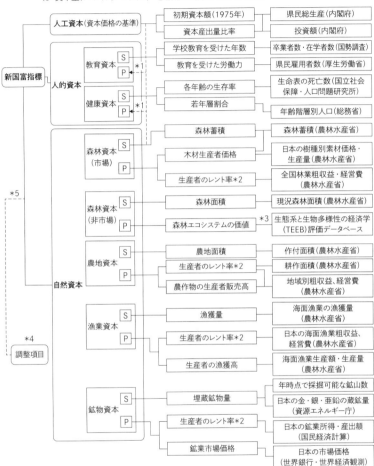

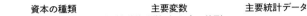

注）*1 資本の配賦状態に依存する人的資本ごとの生産効率性を用いて算出される（他の資本計算後）。
　　*2 レント率とは、資本を1単位増やした時の、その時点での収益率を指す。ここでは生産者が1単位資本を増
　　　やした時の収益率であるため、マージン率（=（売上−生産費用）／売上）と読み替えてもよい。
　　*3 水源涵養・吸水・気候緩和・土壌保全機能を含む。
　　*4 二酸化炭素排出による自然資本の減耗、資源貿易に伴う減耗した自然資本の調整などが含まれる。
　　*5 新国富指標計算後に調整項目は加えられ、それを調整済新国富指標と呼ぶ。

出典：文献viより

図2-5：新国富とその算出プロセス

図2-6：IWIの各資本群とSDGsのゴールの関係

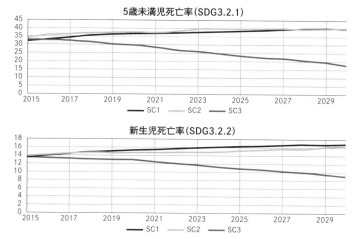

注：
1）上図はターゲット3.2.1「5歳未満児死亡率（1000人あたり死者数）」、下図はターゲット3.2.2「新生児死亡率
　（1000人あたり死者数）」の各シナリオによる2015年から2030年の推計値を示す。
2）各シナリオの定義は、以下の通り。
　SC1：人口1人あたりの自然資本額の年平均成長率1％、人口密度の年平均成長率0.5％
　SC2：人口1人あたりの人的資本額の年平均成長率1％、人口密度の年平均成長率0.5％
　SC3：人口1人あたりの人工資本額の年平均成長率1％、人口密度の年平均成長率0.5％

図2-7：新国富指標（IWI）の資本の成長とSDGsのターゲットとの関係
　　　　（2015〜2030年推計値）

う。調整項目には、それぞれの資本に影響を与えるような、例えばCO_2排出量による自然の損失額や原油価格から得られるキャピタルゲインなどを用いる。

3-3 "3つの資本"による新国富の形成

　新国富がどのように形成され、それがどのように福祉に結びついているかを説明する。新国富と福祉は、ストックとフローの関係にあり、富が福祉を生み出している。以下、図2-8を用いて説明する。

　まず、ある社会における毎年の生産活動に富が用いられる。この富は、人工資本、人的資本、自然資本の3種類のストックにより構成され、生産活動に用いられることでフローである富を創出する。図2-8中の下三角形はフローの流れを示している。ここで、人工資本は工場、自然資本は森林や農地、人的資本は教育や健康によって

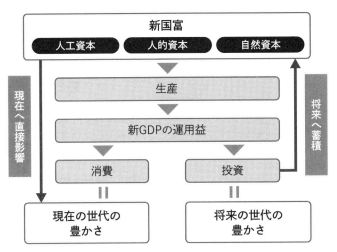

図2-8：新国富論の想定する経済フローとストック

それぞれ構成されている。

　生産によって発生するフローは消費と投資に分割される。この消費と投資はGDPの支出面と一致する。例えば、工場で生産された自動車やスマートフォンなどは人工資本からの生産としてGDPに計上される。一方で自然資本が住宅や製品の生産に用いられる場合もGDPに計上される。

　人的資本は労働力による生産としてGDPに反映されている。人的資本には人工資本と同様に資本の減耗率を考慮する必要がある。人工資本において工場設備などが減耗するのと同様に、自然を生産に利用することで自然資本は減耗し、長時間労働による健康の悪化は人的資本を減耗させる[vi]。

　通常の国民所得会計で説明される国内純生産（NDP：Net Domestic Product）は、GDPから人工資本の減耗分を差し引いたものとして定義されるが、新国富指標におけるNDPでは人的資本と自然資本の減耗分も差し引いたものとして定義される。このNDPは、新国富を利用したことによる運用益にあたるものであり、現在世代の消費か資本への投資に回される。

　消費へ多くの運用益を配分すると、現在世代の福祉の水準は高くなるが、投資は少なくなり将来世代における福祉は減少することになる。一方、運用益の多くを投資へ配分すると、将来世代における福祉は上昇するが、現在世代の福祉が低下することになる。このようなトレード・オフの下で、消費と投資への配分が決定される。さらに、ファイナンスにおけるNPV（Net Present Value）法と同様に、新国富は現在の消費による福祉と投資によって生み出されるであろう将来における福祉を足し合わせて計算される（図2-9）。

　つまり、新国富指標は、現在において我々が観察可能な資本ス

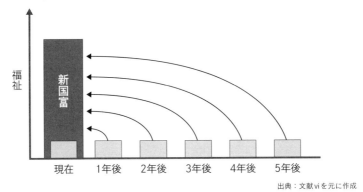

出典：文献viを元に作成

図2-9：新国富と現在・将来の福祉の等価性

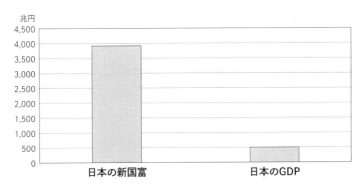

図2-10：2015年における日本の新国富とGDPの比較

トックの金銭価値さえ得ることができれば"豊かさ"を計測できることを意味するのである。より厳密な新国富指標の計算方法については、『豊かさの価値評価—新国富指標の構築』（中央経済社）に詳細な説明があるので一読されたい。

　以上がストックの新国富とフローの福祉との関係であり、新国富の枠組みが想定する経済の基本的なフレームワークである。実際に

2015年における日本の新国富を測定しGDPと比較しているのが図2-10である。図から明らかであるように日本の新国富はGDPの約8倍もの価値があることがわかる。

　より詳しく新国富指標の計測について説明する。新国富指標は、①人工・人的・自然資本の価値を測定、②3つの資本の価値から新国富指標を推計、と2段階で求められる。各資本のストック量の測定には、人工資本は住宅ストック、工場・機械、公共資本から、人的資本は教育、健康から、自然資本は石油、ガス、鉱物資源、漁業・森林、生態系サービスからそれぞれ算出される。さらにこの資本ストック量にシャドウ・プライスを乗ずることによって、各資本の価値を算出する。このシャドウ・プライスとは経済学の専門用語であり、直感的にはストック1単位あたりの価値を意味している。

　人工資本のストック量の算出は、過去のフローの累積として算出される。これは従来の経済指標における資本ストック量の算出と同様である。自然資本は、森林資本、農地資本、漁業資本、鉱物資本から構成されるが、森林資本については例えば家具に使用されるといった最終消費に用いられる市場価値と、生態系サービスとしての市場を通じない「非市場的価値」の2つに分けて計算するため、5つのカテゴリーがある。人的資本は教育資本と健康資本から構成される。一人あたり教育資本ストック量は、教育を受けたことによって得られる収益と教育達成年数から算出される。一人あたり教育資本ストック量に総労働者数を乗じて教育資本ストック量を算出する。健康資本ストック量は死亡率と年齢別人口構成比を用いて算出する。また、人的資本の価値計算には、シャドウ・プライスを用いる必要がなく、他の資本の基準価格と考えることができる。

著者（馬奈木）は、この「新国富指標」に関する国連の報告書作成に携わり代表を務めた。現在は、福岡県直方市や宮若市、久山町などと協定を締結し、新国富指標を活用した地方創生の実践を行っている（第4章参照）。さらに社会課題の解決に取り組む企業にとって、その理念実践の場として自治体が注目を集めていることも指摘しておきたい。

〈参考文献〉

i　Yoo, Sunbin and Shunsuke Managi, 2021, "Disclosure or Action: Evaluating ESG Behavior towards Financial Performance", Financial Research Letters, Forthcoming

ii　UNU-IHDP and UNEP, Inclusive Wealth Report 2012 Measuring Progress Toward Sustainability, Cambridge University Press, 368p, 2012.

iii　Managi, S. and P. Kumar, Inclusive Wealth Report 2018：Measuring Progress Toward Sustainability, Routledge, 486p, 2018.

iv　Dasgupta, P., Duraiappah, A., Managi, S., Barbier, E., Collins, R., Fraumeni, B., Gudimenda, H., Liu, G., and Mumford, K. J., How to Measure Sustainable Progress, Science, 13（35）, pp.748, 2015.

v　馬奈木俊介，中村寛樹，松永千晶，持続可能なまちづくり―データで見る豊かさ，中央経済社，255p，2019.

vi　馬奈木俊介・池田真也・中村寛樹　『新国富論―新たな経済指標で地方創生』　岩波書店，2016.

第3章
ESGと企業価値

1. 意志決定層の多様性と企業業績

1-1 評価される経営システムの変化

　2020年6月16日、グッチやサンローランといったハイブランドを擁するグローバルファッション企業、ケリング（KERING）の取締役にエマ・ワトソン氏ら3名が就任した。いずれも自身の事業、仕事のほかに社会的な活動家として知られている。例えば、エマ・ワトソン氏は、映画「ハリー・ポッター」シリーズをはじめ世界的に著名な俳優だが、その一方で男女平等やハラスメント撲滅のために活躍し、同社のサステナビリティ委員会の議長にも就任している[i]。

　彼女らの起用は、単に有名人だからというわけではない。同社は「彼らの知見や能力、そして、さまざまなバックグラウンドや視点はケリングの取締役会にとって貴重な付加価値となります」と発表している。

　エマ・ワトソン氏が関心を寄せ取り組むジェンダーに関する問題は、国連の持続可能な開発目標（SDGs：Sustainable Development Goals）ではSDG 5「ジェンダー平等を実現しよう」として取り上げられている。こうして、"目標"として掲げなければならないほど、まだ平等が実現されているとはいえない状況があるのだ。

　世界経済フォーラムが発行する『ジェンダー・ギャップ指数2020』（Global Gender Gap

エマ・ワトソン氏　© Carter Bowman

Report 2020）によると、世界で女性が役員になっている企業の割合の上位はフランスとアイスランドで約43％、ノルウェー約42％だ。上位でもまだ半数に満たない。ちなみに、アジア諸国は20％以下のカテゴリーに、インド約14％、中国約8％、ロシア連邦約7％、日本約5％、インドネシア約3％、韓国約2％とずらりと並ぶ[ii]。

　わが国では、「女性の職業生活における活躍の推進に関する法律」（通称：女性活躍推進法）が2015年に成立し、2016年4月1日に施行された。この法律により、国・地方公共団体および301人以上の大企業は、女性の活躍に関する情報の開示と行動計画の策定・公表が義務づけられた。そのため2015年には1,142人だった女性役員数は、2016年には1,388人、2017年には1,510人と増加している。しかし増加しているとはいえ、依然として上場企業の役員に占める女性の割合は6.2％と男性の役員数と比較すると圧倒的に低い（2021年2月）[iii]。こうした状況を鑑み、2021年の改訂版コーポレートガバナンス・コードにおいても、企業の中核人材、つまり経営陣の中に女性をはじめとしてジェンダー・国際性・職歴・年齢等の多様性を確保することが求められている。

1-2　世界で増加するESGを重視した投資

　企業にとって女性の役員登用はどのようなメリットがあるのだろうか。前述のエマ・ワトソン氏の登用は、投資家だけではなくCNNのニュースサイトや『ELLE』『VOGUE』『FIGARO』などのファッション誌サイトからも注目を集め報道された。しかし女性の役員登用は、こういった著名人の登用による話題づくりで世間の目を集めるだけではなく、企業価値を高める投資の面にも影響を与えている。財務情報のほかEnvironment（環境）・Social（社会）・

Governance（ガバナンス＝企業統治）の3つの観点も考慮するサ
ステナブル投資が増加しているからだ。サステナブル投資はヨー
ロッパが先行していたが、この3つの観点から推察できるように、
この投資の増加はSDGs達成への貢献にもつながることになり、図
3-1に示すように他の国でも増加している。

　世界のサステナブル投資額の統計を集計している国際団体の
GSIA（Global Sustainable Investment Alliance）が2年ごとに発行
する報告書によると、2016〜2018年の間に、世界全体のサステナ
ブル投資額は34％増加し、30兆6,830億米ドル（約3,418兆円）と
なったとされる。日本では2016年は474億米ドルだったものが
2018年には2,180億米ドルにも増えた。また、サステナブル投資が
全体に占める割合も増加している[iv]。

　サステナブル投資のプラットフォームとしての機能を持つのが責
任投資原則（PRI：Principles for Responsible Investment。事務局

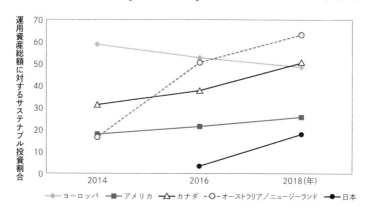

2014年の日本のデータは東アジアに入っているためここには表示されていない。なお、ヨーロッパにお
ける割合が2014年以降減少しているのは、持続可能な投資の基準や定義がより厳格化されたことに起
因すると報告されている。

出典：文献ivより

図3-1：運用資産総額に対するサステナブル投資の割合

は英国に所在）だ。PRIは2006年に国連主導で発足し、以下の、サステナブル投資に絡む6つの原則をもつ。

責任投資原則（6つの原則）

1. 投資分析と意思決定のプロセスにESG課題を組み入れる。
2. 活動的な（株式）所有者になり、（株式の）所有方針と（株式の）所有慣習にESG課題を組み入れる。
3. 投資対象の主体に対してESGの課題について適切な開示を求める。
4. 資産運用業界において本原則が受け入れられ、実行に移されるよう働きかけを行う。
5. 本原則を実行する際の効果を高めるために、協働する。
6. 本原則の実行に関する活動状況や進捗状況について報告する。

2006年の発足当時は、世界でも署名は250機関にも満たなかったが、2016年には1,500機関を超え、世界でも関心が集まっていることがうかがわれる[v]。

日本でも署名投資機関は増加し続けており、2015年には年金積立金管理運用独立行政法人（GPIF）が署名し、2017年からサステナブル投資を開始している。今後も、署名機関は増加するであろう。

1-3　女性役員の存在が業績にも好影響

内閣府男女共同参画局が発行するリーフレット『女性活躍とSDGs サステナビリティの実現に向けて』でも、企業が女性活躍に積極的に取り組むことで、機関投資家の評価を得ることができるとされている。実際、内閣府が2018年に行った「ESG投資における

女性活躍情報の活用状況に関する調査研究アンケート調査」による
と、サステナブル投資においても女性活躍情報が注目されているこ
とが示され、その理由として「企業の業績に長期的には影響がある
情報と考えられるため」との回答が7割近くあったと報告されてい
る。

　この期待の通り、投資を集めること、そして企業業績にも影響を
与えることが種々の研究で明らかになってきている。業績と女性と
の関係を検証する研究は多く、例えば米国のジョージア州立大学の
研究では女性役員のいる企業とその企業の財務パフォーマンスとの
関係についての140件の研究から得られた結果について検証した。
その結果、企業に女性取締役が多いことが将来の収益性に対する投
資家の評価に影響を与える可能性があることが示唆された[vi]。

　また、九州大学の研究では、役員の性別の多様性が企業の環境戦
略と財務パフォーマンスに与える影響を世界の3,389社における12
の環境戦略において検討した。その結果、短期的・長期的に業績に
競争優位性をもたらす汚染物質の排出防止戦略や気候変動対策を含
む持続可能な開発などの環境戦略の推進には、女性の役員が貢献し
ていることが示された。女性取締役の割合が高いほど、持続可能な
開発戦略をとる可能性が高く、この戦略をとることは企業の資金回
転率を高め、ひいては長期的な財務パフォーマンスを上げることに
つながる。これは女性役員が、トップのマネジメントチームに未来
の共有ビジョンと道徳的なリーダーシップを提供するためと考えら
れると報告している[vii]。

　このように、女性の役員への登用は社内の人的多様性を増す、話
題を集めるということだけではなく、中長期的な業績の面からも企
業にとってメリットとなることが明らかになりつつある。

1-4 数値で明確な目標を示す

　女性の活躍に関する情報に限らず、情報の開示は、企業トップの姿勢や有言実行であることを経年的に判断することができ、投資家が重視するポイントのひとつになる。そして、これらを判断するための大きな手がかりとなるものが数値目標といえる。

　これまで説明してきた「新国富指標」は包括的な"持続可能性"の達成を目指すSDGsの評価指標として期待されている。指標を持つことで、達成度を測定することができるように、企業の目標値を参照することで企業の"本気度"を知ることができるのだ。

　国内の企業においてもサステナビリティが重要視され、環境報告書やCSRレポート、統合報告書が作成され各取り組みが報告されるようになって久しい。また昨今はSDGsに対するそれぞれの業種や企業運営業態を生かし17のゴールとの関連とともに報告されているケースも多い。そこに挙げてある目標は気候変動対策にかかわるCO_2排出量削減や廃棄物削減から、人権、サプライチェーンマネジメント、コンプライアンスなどさまざまだが、「貢献する」「努める」といったものが多く具体的な数値目標まで踏み込んだ企業はまだ少ないのではないだろうか。

　海外の大手企業の中には気候変動や製品のライフサイクルにおける環境や社会問題への配慮、エシカルな製品づくりといった動きをSDGsが掲げられる前から始めていたところも多い。以前から持続可能なビジネスを目指し、10年前には"世界一の持続可能なビジネス"を標榜し原料調達などにも環境配慮を積極的に推進してきたユニリーバの例をみてみよう。

　同社はオランダとイギリスに本拠を置き、190カ国で食品や洗剤

などの家庭用品を製造・販売する多国籍企業だ。「環境負荷を減らし、社会に貢献しながらビジネスを成長させる」というビジョンを掲げ、持続可能な成長を目指すとしている。

2020年6月には環境問題に関してさらに強力なコミットメントを発表し、パリ協定で定められた2050年よりも11年早く、「2039年までにゼロエミッション（温室効果ガス排出量実質ゼロ）を実現することを目指」すとしている。具体的には「新たに創設された気候＆自然基金（Climate & Nature Fund）に、総額10億ユーロ（約1,200億円）を投資する」「2039年までにユニリーバ製品から生じる温室効果ガスの排出量を実質ゼロにする」「2023年までに森林破壊を一切行わないサプライチェーンを実現する」といった非常に意欲的なものだ。なお、ここに登場する「気候＆自然基金」とは同社が独自に新設するものだ[viii]。

企業の目標として数値を開示することには、「数字が独り歩きする」のではないかと懸念する意向もあるが、目標数値の設定は客観的に判断できる足がかりになる。一般的に考えても、具体的な目標があることは、自身の励みになりモチベーションを高めるのではないか。加えて、投資家にとっても企業が提示する目標値は、企業活動の透明性と中長期的な企業価値評価へとつながり、ひいては企業価値を高めていくことになるだろう。

同年7月8日には、世界最大級の保険・資産運用グループであるアクサグループの投資顧問会社アクサ・インベストメント・マネージャーズが、2021年から同社が投資する先進国企業に対して、取締役会における33％のダイバーシティ目標を導入すること、日本を含む新興国企業に対してもジェンダー・ダイバーシティ問題の提起を開始することを発表した[ix]。同社の発表の中には「役員会のダ

イバーシティに関する適切な情報開示や対策を提示せず、ダイバーシティ問題への確かな計画を持っていない企業に対処するため、株主総会で議決権を行使する可能性」があるとする。「適切な情報開示や対策」「確かな計画」の提示には、数値目標が求められることも十分想像できる。

　従来の社会の富は国内総生産（GDP）ベースの数値で評価されてきた。それが、資産と資本の流れを一緒にカバーする包括的な評価へと移行しようとしているなか、グローバルな事業体がイノベーションを起こし、持続可能な方法で事業を拡大し関連業界をリードしようとするには、包括的な資産評価を検討し組み込む能力が求められるだろう。サプライチェーンが世界中に広がる現在は、その影響はいわゆるグローバル企業と呼ばれる大企業のみならず、原材料あるいはパーツを提供する中小企業にも及ぶ可能性がないとはいえない。

　判断しやすい指標である数値目標の明示とともに、さらには事業活動と収益の持続可能性に関する決定を下す際には、統合報告書を持続可能性の指標として注目を浴びる国連・新国富（IWI）報告書[x]として提示することもいずれ求められるかもしれない。

2. シーズとニーズをつなぐUXの視点

2-1　日本の競争力が低下している理由

　私たちは日々、便利で快適な生活を送るためのモノに囲まれている。これら製品の使い勝手が悪ければ、当然、再びその製品を使う機会は減っていく。UX（ユーザー・エクスペリエンス）という概

念が提唱されたのは1990年代半ば。提唱者のドナルド・ノーマンらの定義によると模範的なUXは第一に、顧客のニーズを正確に満たし、煩わしさを感じさせないこと。第二に、所有する喜び、使う喜びを感じられる製品を生み出すシンプルさとエレガンスを持つこととされている[xi]。そして、この概念を追求したのがアップルだ。故スティーブ・ジョブズが徹底的にUXを追求した結果、アップルの製品はその機能性に加え、製品のみならずアップルという企業そのものに愛着を持つユーザーが多い。

　製品が作られるとき、すばらしい技術とともに必要となるのは、ユーザーに必要とされ、かつ使いやすく魅力的で価値あるものになるかどうかだ。

　「貿易立国日本」を支えてきたわが国のモノづくりは1990年代以降、新興国の企業に押され輸出力は低下し、生産現場が海外へ移り、国内生産は頭打ちになっている。現場力の強みに根差したわが国のものづくり産業は中長期的に競争力低下が懸念されている。

　加えて日本の経済力の衰退も懸念されている。GDPを見ると、2000年は世界第2位、2018年は3位だ。しかし、これを一人あたりの額で見ると2000年は2位（38,536米ドル）だが、2018年には26位（39,304米ドル）に落ち込んでいる。また、企業の価値を測る指標である株価の時価総額ランキングを見ると、1989年には上位50社中、NTT（1位）や日本興行銀行（2位）、住友銀行（3位）など日本企業が32社入っていたが、2019年には43位のトヨタ自動車のみだ。

　わが国は、優れた要素技術開発力がある。特にものづくり産業の要となる多くの要素技術は日本製であるが、それらを使用し製品として世に送り出すことで生まれる最終価値は、海外製になることが

多い[xii]。製品を通してユーザー（顧客）にどのような価値を提供するのかまでを構想するUXの発想の強化が望まれる。

　日本の競争力が低下した原因のひとつとして言われることが日本の「デジタル化の遅れ」だ。これは企業における対応の遅れのみならず、新型コロナウイルスの感染拡大に際しての政府の対応においても指摘された。

　しかし、政府も手をこまねいているわけではない。例えば2016年、政府が策定した『第5期科学技術基本計画』[xiii]で、これから目指す方向として提唱された「Society 5.0」（ソサエティ5.0）。企業や自治体、さまざまな集まりで耳にする機会も多いのではないだろうか。「サイバー空間（仮想空間）とフィジカル空間（現実空間）を高度に融合させたシステムにより、経済発展と社会的課題の解決を両立する、人間中心の社会（Society）」[xiv]とされている。これまでの、情報を人間が解析し価値を生んでいた情報社会を4.0とし、Society 5.0ではビッグデータをAIが解析し、その結果について対応も含めロボットなどの機器を介していくことで価値を生もうというものだ。

　そして、経済発展でもたらされる「寿命延伸・高齢化」「食料の需要増加」「エネルギーの需要増加」などの事象と、「温室効果ガス排出削減」「食料の増産やロスの削減」「社会コストの抑制」などの社会課題の解決の両立を実現させようとしている。

2-2　デジタル化に遅れをとる日本の医療業界

　ここで、「寿命延伸・高齢化」にかかわるヘルステクノロジー分野の例をみてみよう。先進国で高齢化が進んでいる現在、ヘルステックの重要性は高まり、産業界においても注目される分野になっ

ている。

　例えば、日本経済新聞社は、推計企業価値が10億ドル以上のスタートアップとなる“ユニコーン”への成長が期待される企業を毎年発表しており、2019年11月に実施した同調査においては、企業価値を算出した181社のうち、「バイオ・医薬品」は17社、1人あたり企業価値の上位20社を分野別にみると「バイオ・医薬品」が目立ったと報じた[xv]。

　産業としても今後の発展が大いに期待される医療分野だが、ここでもデジタル化は海外諸国に比べて遅れているようだ。政府は、健康診断データをデジタル化し保健事業を効果的に実施するためのデータヘルス計画を推進しているところだが、キヤノングローバル戦略研究所の松山幸弘研究主幹によると、日本の場合は各医療機関が独立した状態だが、米国やオーストラリア、中国に存在するような、地域の医療保険や各種の疾病予防・ケア、リハビリ、介護そして終末期ケアまで、複数の医療関係事業体や機関が連携するネットワーク、IHN（Integrated Healthcare Network）があれば新型コロナウイルス感染拡大のような災いへの臨機応変な対応や医療イノベーションの普及が加速すると予想する。

　さらに、新型コロナウイルス感染拡大防止のため、日本でもオンライン診療が行われはじめたが、ヴァーチャル・ケアが世界標準となりつつあることをふまえ、医療アクセスの変革が進むとする。

　国内でも医療のデジタル化を推進する企業がある。2000年に創業した、医療関係者・企業から一般まで医療に関する情報サービスを提供するエムスリー（東京都）は、医療関係者向けのポータルサイトや医療情報提供サイトなどを運営している。同社の成長はすさまじく、2017年、『Forbes』誌が選ぶ「最も革新的な成長企業」の

ランキングで5位に入っている[xvi]。ちなみにこの年のランキングでは上位10社のうち5社が医療系だ。

しかし、現在の日本の医療改革に対する海外からの評価は決して高いものではない。なぜなら、医療保険制度は赤字国債に依存し、変革のスピードも遅いためだ。OECDの2017年度のレポートでも医療情報のガバナンスと活用について、日本に低い評価を下している[xvii]。

2-3 技術を価値に転換できない日本の課題

政府は、医療分野を、国際競争力を担う価値提供における最重要分野として最重要政策課題に位置づけている。

国立研究開発法人 日本医療研究開発機構（AMED、2018年）によると、期待される社会価値として下記の項目が挙げられている。

・疾患の予防・早期発見
・老化により衰えた機能の補助・強化
・医療・健康情報の取得とそれを利用した健康改善
・遺伝情報に基づく疾患リスク診断
・治療現場での迅速診断
・高度化された画像診断
・手術手段の改善
・コンパニオン診断
・人工臓器・再生医療
・遠隔地医療・在宅診断治療
・治療器具の生体適合性向上
・新たな低侵襲性治療法

この分野の要素技術には、医療用デバイス、薬物および送達材料、生体適合材料、ウエアラブルデバイス・マイクロデバイス用センシング材料、ナノバイオ材料、界面制御、幹細胞分化制御材料、バイオイメージング、再生医療用材料などが挙げられる。

　こうした要素技術をユーザーの体験価値にまで落とし込むにはどのような視点が必要だろうか。ここで、要素技術からUXをふまえた製品化を目指そうとしている片山佳樹 九州大学教授の例を見てみよう（図3-2）。

　人工心肺、カテーテル、内視鏡、ステント（血管や気管、食道などを内側から広げる機器）、血液透析・人工腎臓、輸血器具といった医療機器にまつわる要素技術の多くは日本製だ。内視鏡配合素材は日本が9割独占、医療用コーティング剤X-Coating®は世界シェア

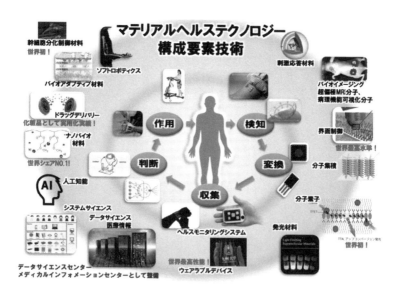

図版提供：片山佳樹（九州大学工学研究院教授）

図3-2：マテリアルヘルステクノロジーの構成要素技術

1位、中空糸膜や金属ワイヤー微細加工技術はほぼ日本製である。しかし、わが国は、技術はあるが価値が創れていない。最終価値、つまり製品は海外製となっている。技術的興味とユーザーの潜在ニーズとのミスマッチ、ユーザーへの"共感力"の欠如がその原因であり、今後の機械情報産業など、製造業にとって、技術を社会価値につなぐ力を養う必要がある。

片山教授の研究室では、効率的に薬を患部へ送達するドラッグデリバリー、疾病時に細胞の出すシグナルを用いるバイオマーカーの創製、免疫操作などの研究を行っている。研究が進む他の要素技術とともに、これらのシーズが社会で価値を持つまでの時間の短縮化が望まれるところだ。

しかし開発されたシーズが実用化されるためには、資金力のほかにもいくつか必要なものがある。研究・開発者は、技術に関連する学問と研究に偏重する傾向があり、また、直接ユーザーに接する機会が少ないためニーズの視点に弱い。優れた技術のみでは価値はデザインできないため、求められるのが、これらの機器を使う医療現場で働く人々や介護施設のスタッフ、そして患者や高齢者のニーズに対する"共感力"、つまりUXだ。

2-4 新国富指標で健康の価値を可視化しサイクルを回す

SDG 3「すべての人に健康と福祉を」。難病の治療、より安価な処置、そして長寿が個人や社会に幸福をもたらすには、健康寿命を延伸して、人々が長い生涯を健康に過ごせることが必要になる。

要素技術から価値を創造するためには、最終形に至るまでの各段階で"共感力"が求められる。片山教授は、日本では基礎生物学の分野が非常に進んでおり、その実力は世界でもトップレベルに達し

ている。しかし基礎生物学の成果を臨床医学に生かせている事例が少ないことが日本の課題だと言及する[xii]。研究成果と臨床をつなぐためには、高度の知見を持つだけではうまくいかない。人の健康や命にかかわる分野のため、機器の精密・正確性を担保し確実に目的を果たすことはもちろんだが、人の感性、幸福感、いたわり、倫理観といった質的な要素もまた、現場のニーズを汲み取るためには重要になってくる。

このギャップを埋めるための人材の育成が喫緊の課題だ。こうした人材は、日本のものづくりの競争力にも貢献する新たな価値観をつくることだろう。こうして、ともすれば余計なコストととらえられることもあるSDGsへの対応も、企業価値を上げることに一役買うことも十分あり得るのだ。ヘルステックに関しては、企業価値というだけではなく、今後の成長産業でもあり、家電メーカーから医療機器メーカーへの転換を果たしたフィリップスのように本業の軸足を移す企業の増加もあり得るのではないか。

そこで片山教授らが構築したものが図3-3に示す「オープンサイエンスプラットフォーム」と呼ばれる産学連携の組織で、シーズから価値づくりまでを加速化させる仕組みだ。デジタルトランスフォーメーション（DX）とデザイン思考をベースに、医療データを用いるエビデンスベースの発想とユーザー目線での価値発見をデザインした研究でイノベーションを起こそうとする。企業と研究者がともに参画する「ふくおか産学共創コンソーシアム」も立ち上がり、すでに10社が参画。これをベースにした大学院の開設も予定されている。

2012年に国連によって発表された新国富指標（IWI：Inclusive Wealth Index）の2018年版では健康の価値化も行われ、経済から

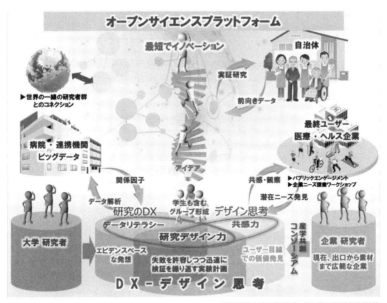

図版提供：片山佳樹（九州大学工学研究院教授）

図3-3：オープンサイエンスプラットフォーム

環境、健康まで包括的に網羅することができる指標になっている。また、コロナ禍における試算[xviii]でもわかるように、命を守ることが経済再生につながる。健康の価値を可視化し、SDGsに挙げられたような網羅的な目標を指標として把握するということは、実行する優先順位を明確にするということである。

　技術から価値を創造するには、まずは課題の設定、課題を解決することの意義を経済的な価値で示す。そのうえで価値が十分に大きければ、課題解決のための技術開発を進めていくことが必要であろう。

　そして、具体的な要素技術の開発、それを生かし実社会で活用できる製品化、そこから得られる価値（健康と福祉）の測定、さらな

る改良……。このサイクルを回していくことでよりよい社会づくりにつながっていく。

3. 従業員のストレスに見る人的資本の損失

　国連が掲げたSDGsのうち、「すべての人に健康と福祉を（SDG 3)」、「働きがいも経済成長も（SDG 8)」、そして「つくる責任 つかう責任（SDG 12)」は人々の幸福とともに、持続的な開発が期待されている。

　人々が幸福を感じるには精神的な影響も大きい。一方で、労働者のストレスについて注目が集まっており、日本のみならず、人々のストレスが世界の課題として挙げられている。2015年より国は従業員50人以上の企業に従業員のストレス度合いを把握するためのストレスチェックを義務づけている。

　厚生労働省の調査では2017年11月から2018年10月までの1年間にメンタルヘルス不調により連続1カ月以上休業した労働者がいた事業所の割合は6.7%、退職者がいた事業所の割合は5.8%となっている。労働者の精神面の衛生は企業にとっても無視できない問題だ[xix]。

　では、日本の企業の会社員は日々の仕事でどのようなストレスを感じ、それはどのような社会的損失となっているのか[xx]。

　新国富が示す社会の包括的富は自然資本、生産資本、および人的資本の総和である。人的資本はこの3つの資本のうち最大の割合を占め、世界全体の新国富をみると人的資本が65%を占め、自然資本と人工資本で35%を占めている。日本では人的資本が総資本の60%以上を占める[xxi]。

　人的資本は社会の持続的発展において最も重要な役割を果たして

いると考えられる。それは人的資本が生産要素でもあり、新しい技術を生み出し、普及させることと関連があるためである[xxii, xxiii]。従業員のストレスによる人的資本損失を明らかにし、従業員のストレスを改善することによって生まれる資本増加分を測ることは、会社のみならず、社会の持続的発展につながるだろう。

　新国富フレームワークに基づいてみると、ストレスから生じる人的資本の損失はどのようなものだろうか。

3-1　日本企業における従業員ストレスの現状

　図3-4にピースマインド（東京都中央区）による従業員100万件を調査した「ストレス・スコア」の分布を示す。横軸は直近1カ月のストレス状態を表す指標であり、高い数値ほどストレスがかかっていることを表す。厚生労働省による、高いストレスを受けている者の定義のひとつは、このストレス・スコアが77以上とされる。図3-4で示すように、日本の従業員のストレス分布は高く、ストレスがない（スコア29）従業員は少なく、多くの従業員が軽いものから高いものまで何らかのストレスを抱えている。

　100万件のサンプルから、年ごと、年齢、性別、産業、大・中小企業、および地域別のそれぞれの従業員のストレス分布を示したものは図3-4と同じようなパターンになることから、従業員の抱えるストレスの強度分布は特別な従業員のグループのものではなく一般的なもので、これだけのストレスを社員が抱えているということは多くの会社が直面している課題といえる。一方で男性と比較すると、女性は心理的ストレスが高くなる傾向がある。産業分野別では、小売業は他のセクターよりもストレスが高い。これらのことから、年齢・性別・産業別などのグループ別に比較した結果、小売部

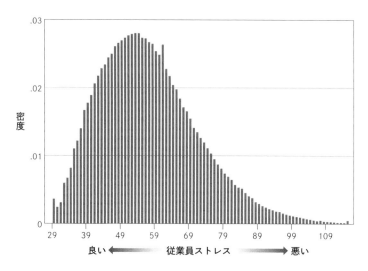

注：従業員ストレス・スコア29〜116は厚生労働省のガイドラインによる簡易ストレスチェック質問票で直近1カ月の状態をチェックし、回答の和を取った。

出典：文献xxivより

図3-4：日本における会社従業員ストレス分布

門、30〜39歳、女性グループは、他の部門とグループよりもストレスレベルが高いことがわかった。

3-2 ストレスによる人的資本の損失

　従業員のストレスが経済に与える影響から、ストレスがもたらす社会的な損失を示すことができる。日本における男性従業員の年収とストレス度合には負の関係があり、ストレスが高い従業員ほど年収が少ない傾向がある。図3-5は、大規模な従業員データを用いた心理的ストレスによる人的資本損失を男性従業員の年間所得で評価したものだ。従業員ストレス度合いとストレスによる所得損失レベルを対応させることで、年間ストレスによる年間所得損失の分布を

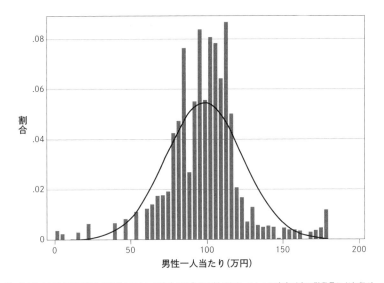

注：日本における男性従業員の年収とストレス度合には負の関係があり、ストレス度合が高い従業員ほど年収が
少ない。

出典：文献 xxiv より

図3-5：日本における会社従業員のストレスによる年間人的資本損失

表示することができる。従業員の自己評価による心理的ストレスの
スコアの範囲は29〜116であり、このストレスに対応する年間所
得損失は0〜180万円となった。

　図3-5で示すように、ストレスにより、ほとんどの従業員が年間
50万円以上の収入を失っている。企業別にみてもこのストレスの
分布は大きく変わらないため、業種に関係なく広く一般的であると
いえる。これは多くの従業員の人的資本の損失が存在するというこ
とを示し、経営者や政策立案者にとっても無視できないのではない
だろうか。逆に、従業員のストレスレベルの改善は、仕事の効率
アップにもつながる可能性がある。

　従業員のストレス度合いが改善されない場合、人的資本の損失は

蓄積する。たとえば、20～29歳の男性従業員の平均的な仕事スト
レス・スコアは57点で、ストレスレベルが改善されない場合、65
歳までの人的資本損失は男性従業員1人につき平均6,000万円に達
する。

　前述したように、ストレスは多くの従業員が抱える問題だ。企業
では、従業員のストレスを軽減することで成果を上げることが期待
できる。日本の一般的男性従業員は、ストレスのない男性従業員の
年収と比較し、毎年一人あたり50～180万円が失われている。し
たがって、企業の従業員が多ければ多いほど、ストレスによる人的
資本の損失が大きくなる可能性がある。ピースマインドによる従業
員100万件のストレスに関する調査対象の390社のうち、人的資本
損失の中央値は約100億円になり、従業員の心理的ストレスが企業
の成果に及ぼす影響が大きく、改善の必要がある可能性を示してい
る。従業員の幸福の向上が企業の成果に大きく貢献するといえる。

　女性は男性に比べ、家事・育児・介護などをより多く担い、多様
な働き方やキャリアを構築している。例えば、既婚女性は平均で家
事・育児の約85％を負担していることが知られている。そのため
賃金に反映されない労働の負担が多くなることから、男性従業員の
ようなストレスと年収について有意な相関関係はみられなかった。
しかし、家事や育児などは女性のストレスと相関があると考えられ
る。そのため、賃金のみで女性のストレスに関する人的資本損失を
算出することは、ストレスの影響を過少評価する恐れがある。女性
のストレスによる人的資本損失の算出は今後の課題である。

3-3　従業員ストレスを改善するには

　ストレスによる人的資本損失額は大きい。したがって、職場のス

トレス削減が政府や企業にとっての課題となり、従業員のストレスを改善することによって、企業の業績を上げたり、転職による社会コストの削減などにつながる可能性がある。

　ストレスを改善するためにはどうしたらいいのか。従業員にストレスを感じさせた職場の状況として挙げられたものには、多すぎる仕事量、仕事における意思決定の度合いの低さ、社会的支援の低さ、心理的に負担となる仕事、努力に対する報酬の不均衡、ハラスメントなどが含まれていた。これらをふまえて、まず従業員の仕事に対する満足度やワークライフバランスの改善が、ストレスの長期的な改善につながり幸福度を高める。結果として企業の業績改善にもつながるだろう[xxv]。

　次に、会社の環境活動・ガバナンス活動とストレスの関係を見ると、環境資源の保全や水資源などの管理に寄与する企業の商品開発またはサービスの提供は、従業員の心理的幸福に長期的な利益をもたらす。しかし、企業が排出する有毒な排出物と廃棄物を記録または削減するための取り組みの強化は従業員のストレスレベルの改善に寄与しない[xxvi]。

　3つめに、従業員のポジティブな思考がストレス軽減に寄与することが知られている。

　ピースマインドが「ストレスコーピング」と呼ぶストレス対処方略（スキル）である、信頼できる人との相談や、問題に振り回されないポジティブ思考、怒りや不満を他人に向けない姿勢などが長期的に従業員のストレスを軽減できることがある[xxv]。

　これら3つのなかでは、2つ目のポジティブ思考が従業員の心理的幸福に最も大きな影響を与えている[xxv, xxvi]。

　ポジティブ思考を持てるかどうかは個人の資質にも左右される

が、少なくとも職場環境や業務内容の改善は社内で対応できるものだ。早く、少しでも改善していくことが、人的資本の損失を軽減し、長期的にも企業にとってよい効果をもたらすものとなるだろう。

4. 生物多様性の保全とグリーンインフラ

自然の恩恵は多くの人が感じているものの、見てすぐにはわかりにくいものや時間を経て影響するものも多い。また因果関係が複雑で価値を定量的に測りにくいために、その評価は難しい。生物多様性を保全する重要性の認識は広がってきているものの、経済性が優先される社会では、評価が難しいこともあり、どうしても対応の優先順位が低くなりがちだ。そこで、生物多様性の機能を価値づけようという試みが進んでいる。そのなかで、最近では自然の機能を積極的に生かすことでインフラなどのコストをカットし、かつ生物多様性の保全にもつながる取り組みが注目を集めている。

4-1 認知される「生物多様性」の危機

2020年は国際的な議論が進められる生物多様性スーパーイヤーとも呼ばれ、生物多様性にとって、大きな区切りの年となるはずだった。というのも10月に中国で生物多様性条約第15回締約国会議（COP15）が開催され、2030年までの国際的な目標が決められることになっていたからだ。しかしこれは新型コロナウイルス感染拡大防止のために延期を余儀なくされた。この状況下、2020年9月に国連生物多様性サミットがオンラインで開催され、それに先立ち世界64の国と地域の首脳が2030年までに生物多様性喪失の流れを逆転させるために団結して行動することが合意された。「COP15で採

択される2020年以降の野心的で変革的な生物多様性の枠組みを完全に実施することにコミットする」など10の行動指針が示されている。

　生物多様性喪失はビジネスにも多大な影響を及ぼすばかりか、人類の生命基盤が脅かされることになるという認識が世界中に浸透している。

　「生物多様性」への注目とその価値について、これまでの経緯を少し振り返ってみると、1992年、米国の生物学者エドワード・O・ウィルソンが著書『生命の多様性』の中で「生物学的多様性（biological diversity 新しい言い方では "生物多様性 biodiversity"）こそ、この世界を私たちが知っているままの状態で維持するための鍵である」と言及している。

　日本でも「生物多様性」という言葉を目にすることが、この20年で増えてきた。2004年度の環境省調査では「生物多様性」の意味を知っている人は約10%と報告され[xxvii]、当時はまだ一般になじみのない言葉であり、その重要性の認識が浸透するまでには時間がかかると予想された。そして2005年、国連の呼びかけで実施された地球規模の環境アセスメントであるミレニアム生態系評価の報告がなされ、生態系のサービスや財は人類にとって価値のあるものであり、地球全体で劣化していることが強調された。

　生物多様性に対する関心が日本で高まったのは、2010年に名古屋で開催された生物多様性条約第10回締約国会議（COP10）がきっかけだ。COP10では、これ以上生物多様性が失われないようにするための具体的な行動目標である「愛知目標」が採択され、この目標の達成には「生物多様性や生態系サービスの現状や変化を科学的に評価し、それを的確に政策に反映させていくことが不可欠」とし、わかりにくい生物多様性の評価の必要にも言及した。

COP10までに、国連環境計画（UNEP）が中心となった、ミレニアム生態系評価で「生態系サービス」として整理された「物質の供給」「調節」「文化」そしてこれらを支える基盤の「サポート」を参考に生態系の機能を分類し、経済的に評価した『生態系と生物多様性の経済学』（TEEB：The Economics of Ecosystem and Biodiversity）も公表され、生物多様性や生態系の価値が経済的にも大きなことが明示され話題となった。

　2012年4月には、生物多様性、生態系サービスの現状や変化を科学的に評価するため、世界中の研究成果を基に政策提言を行う政府間組織として「生物多様性及び生態系サービスに関する政府間科学-政策プラットフォーム（IPBES：Intergovernmental science-policy Platform on Biodiversity and Ecosystem Services）」も設立された。IPBESは2019年5月に『グローバル評価報告書』を発表し、その中で世界の生物多様性がますます損われており、このままでは私たちの生活や経済が立ち行かない状況になっていることを明らかにしている。

　2020年には、世界経済フォーラムの『グローバルリスク報告書2021年版』でも生物多様性の危機が言及されている。今後10年間に発生する可能性が高いリスクの上位5位は1位から順番に「異常気象」「気候変動の緩和・適応の失敗」「自然災害」「生物多様性の喪失」「人為的な環境災害」とした。今後10年間に発生した場合の影響が大きいリスクも上位5位のうち4つが環境リスクで、「生物多様性の損失」は第3位となっている。生物多様性および生態系の危機に対し早急な手立てが必要であるということは、経済的にも認知されるようになってきた。

　日本国内でも生態系を評価しようとする動きは企業、NGOなど

で起こっている。

　例えば、三井住友信託銀行では環境、社会、経済にかかわる自然資本の重要性を認識し、融資における取り組みのひとつとして「自然資本評価型環境格付融資」を提供している。サプライチェーンの自然資本へのインパクト評価や企業の環境格付けの評価プロセスに、自然資本に対する影響や取り組みの評価を組み込んだ融資商品である。また、不動産事業における建築コンサルティングメニューにおいても、「動物評価種のすみやすさ」と「みどりの地域らしさ」などの観点から敷地の生物多様性を評価するJHEP（ハビタット評価認証制度）と建物の環境性能を評価認証する「CASBEE-不動産」を用いるなど、自然資本を重要な要素として扱っている[xxviii]。JHEPは、アメリカ内務省が開発したハビタット評価手続きをもとに日本生態系協会が開発したもので、環境省でも2012年からJHEP認証取得数の統計を取り始めており、2012年は14件だったものが、2016年は59件と増加している[xxix]。

4-2　自然資本を新国富で評価する

　これまで紹介してきた新国富指標においても、自然資本は3つの資本のうちのひとつとして位置づけられ、持続可能性の指標とされている。

　自然資本（環境、資源、生態系）は、人工資本、人的資本に比べ評価が難しい。それには大きく3つの理由がある。まず、評価するために利用可能なデータが限られていることが挙げられる。例えば、この資本に属する森林、エネルギー資源、鉱物資源、二酸化炭素や大気汚染物質排出ダメージなどについての測定範囲は限られている。本質的に包括性が重要な新国富指標において、測定範囲を広

めることは非常に重要な課題だ。しかし、自然資本が社会の豊かさ
や人の福祉に貢献する価値の推定は困難である。例えば、森林には
貯水や防災など多面的な機能と価値があることは知られるように
なっており、木材価格などからの試算のほか、伐採による森林面積
の減少の影響などからの持続可能性への評価についての研究が進ん
でいる。

　包括的な評価は必要であり、施策などの評価には有効なものであ
る。例えばイギリス政府は、自然資本の価値づけについてIPBES
の評価ではなく新国富による評価を行うことにし、2020年の春に
『ダスグプタ・レビュー：生物多様性の経済学 中間報告書』を発行
した（図3-6）。本報告書代表のパーサ・ダスグプタ（ケンブリッ
ジ大学教授）は新国富の理論構築者の1人だ。生物多様性、ひいて
は自然資本がどのように持続可能な経済成長を支えているか、今後
数十年の経済成長の見通しに対する生物多様性の損失の影響を調査
し、双方の持続可能性のために人間は自然とどのようにかかわれば

図3-6：『ダスグプタ・レビュー：生物多様性の経済学 中間報告書』

よいのかを検討しようというものだ。報告書では、「生態系を劣化させてから復元するよりも、生態系を維持する方が、費用対効果が高い」といったメッセージが報告されている。

4-3　自然資本を増やすことが防災に

　生物多様性や生態系の重要性が認識されるなかで、新たな役割に注目が集まっている。そのひとつがグリーンインフラだ。

　グリーンインフラは「自然がもつ多様な機能を巧みに利用するために、地域での既存の取り組みを見直しつつ、新たに多機能化・広域化の視点を入れることで、持続可能な地域の創造に資する技術である」とされる。日本では自然が豊かな環境で健康に暮らせる環境が望まれるようになる一方で、人口減少・少子高齢化に伴い土地利用も変化している。この状況をふまえ、2015年度に閣議決定された国土形成計画、「第4次社会資本整備重点計画」で、グリーンインフラの取り組みの推進が盛り込まれた。

　グリーンインフラの中には、大規模な自然災害に見舞われることが増えた日本で、これまでのようなハードのインフラと同時に生態系を防災に活用しようという意図がある。生態系の持続的な管理、保全と再生を活用した防災・減災であるEco-DRR（Ecosystem-based Disaster Risk Reduction）という考え方もある。災害が激化する一方で国や自治体の予算が限られているなか、新たなインフラなどの人工物を設置するよりも一般的に安価であるとされる生物多様性にも配慮した自然の機能を生かそうというのだ。例えば、川の土手に桜並木をつくることで春に人が集まり土手が踏み固められ、土手の防災機能が高まるといわれている[xxx]。

　日本損害保険協会がまとめた風水災等による保険金の支払い額を

みると、風水災等に対する保険金支払い額のトップ10の中にはこの5年間に起きたものが5件入っている。その1位は2018年の台風21号で1兆678億円、2位は2019年の台風19号で5,826億円だ（2020年3月末時点）。

保険持ち株会社であるMS＆ADインシュアランス グループ ホールディングスは総合地球環境学研究所とともにEco-DRRの評価と社会実装プロジェクトに参画した。金融や保険企業にとってもグリーンインフラ（なかでもEco-DRR）は魅力あるものになっているのだ。

東日本大震災からの復興では大規模な防潮堤の建設について地域でも議論が分かれたが、気仙沼市（宮城県）の大谷海岸では、住民の意向も反映し砂浜を保全しつつ国道のかさ上げと防潮堤設置、道の駅の整備を一緒に行い、地域活性化と減災を達成した（図3-7）。グリーンインフラのみで防災・減災が完結はしないが、防災・減災機能だけではなく、景観やレクリエーションの場など、人の福祉に貢献する社会資本を提供するような多機能性が注目される。

グリーンインフラによって地域の価値を高める機能は、不動産価格への反映のほか、生活環境の維持コストの低減や、新たなビジネス創出にもつながるなど、これまでのハードとは違う視点に加え、復元力や回復力を表す"レジリエンス"の高さも期待される。

ほかにも、人手不足などから手入れをされないまま放置された竹林において、竹を土壌改良剤として使用できる竹チップや竹パウダーに加工する試み（奈良県）[xxxi]や、広葉樹林への変換整備（天王山/大阪府・京都府）などが行われている[xxxii]。

また、多機能性をフルに生かそうとする事例もある。都市圏にも近く流域の人口密度が高いことやこれまでに蓄積した窒素やリンに

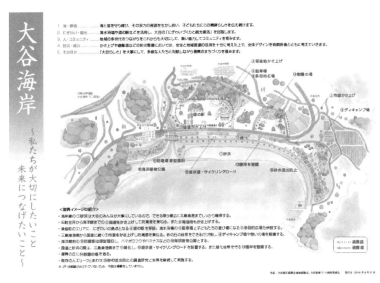

図3-7：大谷地区振興会連絡協議会・大谷里海づくり検討委員会の提案イラスト（2015年8月31日）

起因し、全国の湖沼水質（COD）でワースト5位内に入ることが多い印旛沼（千葉県）は9km²を超える面積の千葉県最大の湖沼である。この流域は台地、「谷津」と呼ばれる丘陵地の浸食によってできた急峻な谷、低地といった地形を有し、「里山グリーンインフラ」として、自治体や研究者、市民団体、農業関係者らが連携し地域の防災や魅力的な地域づくりへ向けての検討が始まっている。台地への雨水浸透、湧き水、谷津への流出といった水の循環を利用した耕作放棄水田の湿地化を目指そうというのだ。これによって、豪雨で生じる大量の水による河川への急激な流水量増加を防ぐ。もちろん、これによって防災・減災機能だけではなく、里山の環境整備、食料生産、水質浄化といった機能の能力も上がり、生物多様性の保全、気候変動適応、風景・文化の保全も果たすことが期待される[xxxi]。

2024年度からは「パリ協定の枠組みの下におけるわが国の温室効果ガス排出削減目標の達成や災害防止を図るため、森林整備等に必要な地方財源を安定的に確保する観点から」森林環境税が一人あたり年額1,000円徴収される。今後、この使途にも注目が集まるところだ。

　無駄なものとして埋め立てられ用途が変えられたサンゴ礁や湿地のように、生物多様性や生態系サービスの価値はわかりにくく、その価値は低くみられてきた。しかし、例えば日本のサンゴ礁について1万人にアンケートしたところ、回答者の60%が生涯にわたって保全に約33～41万円を支払う価値があると回答している。しかも、簡素で詳細な情報を適切な長さで伝えることで、価値の評価は上がることが研究結果から示された。保全対象の価値について情報を発信する場合は、ターゲットに向けた適切な内容、そして出し方が重要である[xxxiii]。

　生物多様性の損失を止めることは世界的な課題だ。適切な情報発信、そして生物多様性の損失の防御および、その判断材料となる指標には期待が集まる。グリーンインフラは、その価値を理解しやすく示すことができるひとつの方策になる。

5. 社会課題を解決するための投資 ～スタートアップ企業へのサステナブル投資

5-1　コロナ禍で変わる社会

　コロナ禍で世界が多大な影響を受けた2020年。人々の活動が制

御され、その影響を受け経済活動も大きく停滞した[xxxiv]。国際通貨基金（IMF）は同年6月の改定版世界経済見通しで、2020年の成長率をマイナス4.9%と予測し、4月時点からさらに1.9ポイント下方修正している。

　外出や会合などの行動が制限されるなか、業績を伸ばしている企業もある。

　そのひとつ、本章2節でも紹介したエムスリーは、2000年に設立された医薬品、疾病、治療などの医療情報を扱う企業だ。参入障壁が高いと言われる医療業界において、これまでMR（医療情報担当者）が担っていたような、医薬品情報を医薬品企業から医師へ、逆に医療現場のニーズを医薬品企業へフィードバックするといった情報のつなぎ役を、インターネットを介し行う。さらに、医師間の情報交換、医師や薬剤師の転職支援など、医療にかかわる情報流通を担い、医師、医療関係者を会員とする専門性の高いサイトを運営することで、国内屈指の医療従事者向け情報サイトとなっている。ここで注目される、デジタル化され人が介在しない双方向の情報流通は、ポストコロナの世界でこれからも発展していくだろう。しかし、実社会における双方向性の成立には時間がかかる。

　各国が経済的なダメージからの復興に向けて企業支援をしているなかで、第1章でも紹介したサステナブル投資が注目されている。経済復興について、海外では欧州を中心にE（環境）に関する政府の支援のひとつ、気候変動対策として"グリーンリカバリー"の事例も多い。グリーンリカバリーは、この機会に環境や社会を考慮した経済への転換を目指す動きであり、それによって脱炭素社会を実現しレジリエンスな社会をつくろうとしている。フランス政府はエールフランスを支援するにあたり、グリーンリカバリーに通じる

環境に配慮した条件づけを要求した。カナダ政府は、企業に対して気候変動リスクを情報開示することを支援条件に入れている。

　日本では、菅義偉首相が、2020年10月、2050年までに温室効果ガス排出量ゼロの目標を宣言した。気候変動対策を求める世界的な流れのなかで、国内の企業もエネルギーや物流・交通手段など、大きな転換が迫られることになる。

　第1章で説明したように企業が持続可能な社会づくりにどれだけ貢献しているかを、E（環境）、S（社会）、G（ガバナンス＝企業統治）の観点から評価したものがESGスコアだ。

　企業のグリーンファイナンスへの要求の高まりを背景に、サステナブル投資の市場は飛躍的に拡大しており、持続可能なエネルギーシステムへの移行に必要な資本を得るために、サステナブル投資を通じた資本の活用が期待されている。筆者らは新型コロナウイルス感染の急速な拡大によってもたらされた金融危機の時期に焦点を当て、サステナブル投資と企業価値についての分析を行った。その結果、ESGスコア、特にEスコアの上昇は、リターンの向上と値動き（ボラティリティ）の低下につながっていた。一方、S・Gスコアの増加は、株式リターンの低下とボラティリティの上昇と相関していることがわかった。また、リターンの低いグループに属する企業は、リターンの高いグループに属する企業よりもESGスコアの増加の恩恵を受けることがわかった。エネルギーに焦点を当てさらに追加分析すると、非エネルギー部門は、株式リターンとボラティリティの両方の面でEスコアを向上させた方が恩恵を受けるが、エネルギー部門の企業はEスコアを向上させることで株価のボラティリティを低下させることができることが示された。

5-2 国の施策が後押しする

　日本でも今後、サステナブル投資のさらなる浸透が期待される。ここで、スタートアップへの投資を通じてESGに取り組む企業を紹介しよう。

　先んじてSDGsにも掲げられたような、個々の社会的な課題を解決することを目指して創業したスタートアップ企業に対して積極的に上場を目指して投資し、社会貢献の底上げを目指す企業がある。REAPRA（東京都新宿区）だ。同社は「100年続く事業を創出する。起業家とビジネスの両方が、長期的な観点で成長できるような投資アプローチ」を掲げて、代表の諸藤周平氏が2014年に創業した[xxxv]。同社の関心は国内にとどまらず、アジアの国々にも及んでいる。

　REAPRAの投資先の分野は、図3-8に示すように農業支援、医療、キャリア支援、不動産支援、教育・コンサルティング、リサイクル・環境、輸送、観光、製造業と数多く、投資先の規模も資本金が1,000万円台〜1億円超までと幅広いが、設立から20年を経ない若い企業が多い。それぞれの企業が、社会から必要とされるにもかかわらず非効率、不採算性、後継者不足といった問題を抱えている業種やデジタルを利用し新たな分野開拓に貢献できる業種だ。REAPRAの事業はGを効かせE・Sにつながるものだ。

　REAPRAも関与する社会の課題に着目し解決しようとしている企業のひとつが、本章3節で紹介した「社員の抱えるストレスの現状と人的資本の損失を測る」分析を行ったピースマインドだ。同社の事業は、Sに関連する。

　ピースマインドは、2004年に設立され、「はたらく人が抱える不

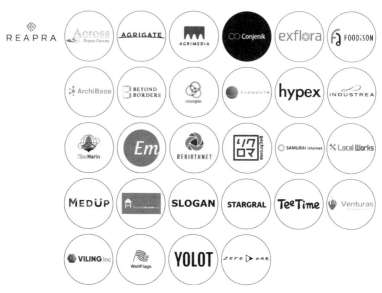

図3-8：REAPRAが投資する企業

安を解決し 心豊かな未来を創る」をミッションとして、これまで
メンタルヘルス・心の領域という目に見えにくい価値の訴求を行っ
てきた。創業当初は、カウンセリングによるメンタルケアサービス
を柱としていたが、2000年の厚生労働省の『事業場における労働
者の心の健康づくりのための指針』が追い風となり、企業に対して
EAP（従業員支援プログラム）を請け負うサービスを本格化させ、
EAPのほか組織コンサルティングなどの事業を行っている。企業
におけるストレスチェックの実施や、組織分析・コンサルティング
を得意とし、はたらく人のストレスについての全国の都道府県ラン
キングなどを発表し注目された。

　この調査『はたらく人のストレス：都道府県ランキング2020』

（2020年10月27日）によると、心理的なストレスの状態がよい都道府県は、1位 北海道、2位 石川県、3位 栃木県、身体的な不調が少ない都道府県は、1位 石川県、2位 北海道、3位 栃木県、心身の健康状態がよい都道府県は、1位 石川県、2位 北海道、3位 栃木県という結果だ[xxxvi]。「どの都道府県においても、心理的な『活気のなさ』に共通性があり、『仕事の意義・働きがい』や『ほめてもらえる職場』といった要因が、活気と強く関連し、企業は従業員がいきいき働けるよう支援することで、ストレス軽減への取り組みにもつながる」と報告している。

　ストレスの過多は人的資本の損失につながり、企業にとっても大きな損失となる。経済的な利益を追うだけではなく、ESGそれぞれに貢献することが、結果として持続可能な企業となるのだ。このような、人的資本を増すことに資する企業は、今後も成長する可能性は高い。

　S、次いでEに関する企業もある。

　エスプール（東京都千代田区）は1999年に若者の就職難を支援するために創業し、現在、人材派遣やアウトソーシングを担う。子会社は障害者の就労支援に特化し、企業向け貸し農園を運営する。この農園で働く『障害者手帳』を取得している従業員は、農園を借りている企業と雇用関係を結び企業の従業員となる。こうして障害者の就職難という社会課題を解決しようというのだ。2019年、障害者雇用促進法が改正され従業員数45.5名以上の民間企業は障害者を雇用しなくてはならず、法定雇用率は2.3％に引き上げられている。エスプールの事業は国の動きを受け、企業にとってもひとつの雇用手法を提供できることになるのだ。こうしたESGの中のS（社会）に貢献する事業で、企業調査レポートアワードのESG部門

で、同社を上位に評価する企業評価機関もある。そして2020年にエスプールは、E（環境）分野へ事業拡大した。というのも、国内外の排出量クレジット・証書を取扱い気候変動対策となるカーボンオフセット事業を行う企業を買収したのだ。気候変動対策にすでに積極的な海外の動きも反映し、国内企業も対策を迫られることになることが予想され、カーボンオフセット事業はこれからますます注目されるだろう。

　これらの企業のように、問題意識から社会課題の解決に向け起業し取り組むことは、後から国の指針や法律が追い付いてくる場合もあり、さらなる事業拡大の機会を得られる可能性が高い。気候変動対策も環境への対応という意味合いのみならず、排出権取引など社会経済にも関連し、本格的に国の施策となる可能性もある。いち早く社会課題に取り組むことが、さらなる事業の拡大につながっていくという動きは、これからも十分起こり得ることだろう。
　自社の強みと問題意識を基に、可能なことから環境・社会・ガバナンスの課題に取り組むことで企業価値を上げることが、結果として自治体や国の施策とつながり、持続可能な社会づくりを推し進めていく。

コラム：本章の事例を通して

　第3章で紹介した事例のポイントは以下である。

・女性役員の増加は、企業価値を高めサステナブル投資を集めるだけではなく、長期的にみても持続可能な開発戦略をとる可能性が高く、財務パフォーマンスを上げることにつながる。多様性への配慮は企業の持続可能性に結びつく

・デジタル活用による技術開発力と、使用者のニーズ（感性、倫理）に対する共感力（UX）とその分野の人材育成が求められている

・ストレスにより人的資本が喪失する。解決策として、例えば、信頼できる人との相談や、問題に振り回されないポジティブ思考、怒りや不満を他人に向けない姿勢が挙げられる

・自然資本をグリーンインフラとして、例えば減災・防災などに利用する取り組みなどもあり、長期的には経済的な効果ももたらされる

・社会課題の解決のソリューションから発想する事業が成長している

　ぜひ、多くの企業にも取り組んでいただきたい。本章の事例で取り上げたような"改革"を突然実行することは難しいかもしれない。

　まず、情報を得ること。さまざまな情報に対する感度のよさや自社の実情の把握・分析が必要だろう。現在の自社の業界での位置づけ、社内のガバナンスについて再確認・検討、自社のCSRと事業の関連性などの客観的な把握、地域との連携の可能性などの情報がないことには動き出せない。そして、小規模に、簡易的な方法で早

く実行に移すことだ。手間がかかる、予算がない、といった障壁もあるだろう。その際には、他部署だけではなく、外部の企業や研究機関、自治体などと連携しそれらのリソースを活用することで、より新しくかつ成功できる可能性を高めるといった知恵を絞ることも求められる。実行することで実績が増えれば、社内の理解を促すことにつながり、次のステップへと進むことができるはずだ。

　取り組みの成果を把握し改善の方法を探るためにも、数値による目標の可視化が重要だ。

　数値化し進捗を測り、次への対処を考慮していく必要がある。これまで可視化できなかった価値について、新国富という概念を通して改めて評価することで、課題の解決、新たな事業の創出につなげることができるだろう。

〈参考文献〉

i　ケリング「ケリングの取締役としてジーン・リウ氏、ティージャン・ティアム氏、エマ・ワトソン氏が就任」(2020)
https://www.kering.com/jp/news/jean-liu-tidjane-thiam-and-emma-watson-join-the-board-of-kering-as-directors

ii　World Economic Forum, Mind the 100 Year Gap, 2019.
https://jp.weforum.org/reports/gender-gap-2020-report-100-years-pay-equality

iii　内閣府 男女共同参画局, 上場企業における女性役員の状況.
http://www.gender.go.jp/policy/mieruka/company/yakuin.html (2020年7月8日、および2021年6月11日閲覧)

iv　Global Sustainable Investment Alliance (GSIA) (2018), Global Sustainable Investment Review 2018.
http://www.gsi-alliance.org/wp-content/uploads/2019/03/GSIR_Review2018.3.28.pdf

v　経済産業省, ESG投資.
https://www.meti.go.jp/policy/energy_environment/global_warming/esg_investment.html (2020年7月8日閲覧)

vi　Corinne P. and K. Byron (2014), "Women on Boards and Firm Financial Performance: A Meta-Analysis", Academy of Management Journal, Vol. 58, No. 5.

vii　Xie, J., W. Nozawa, and S. Managi. "The Role of Women on Boards in Corporate Environmental Strategy and Financial Performance: A Global Outlook", Corporate Social Responsibility and Environmental Management (5), 2020.

viii　ユニリーバ「ユニリーバ、気候変動対策、自然環境の保全・再生および次世代への資源の引き継ぎを目的とした新たな取り組みを開始」(2020)
https://www.unilever.co.jp/news/press-releases/2020/unilever-sets-out-new-actions-to-fight-climate-change-and-protect-and-regenerate-nature-to-preserve-resources-for-future-generations.html

ix　アクサ・インベスト・マネージャーズ「アクサIM、先進国および新興国の企業に対しジェンダー・ダイバーシティに関する議決権行使を拡大へ」(2020)
https://www.axa-im.co.jp/content/-/asset_publisher/G13Tdjr6Vh4x/content/-e3-82-a2-e3-82-af-e3-82-b5im-e3-80-81-e5-85-88-e9-80-b2-e5-9b-bd-e3-81-8a-e3-82-88-e3-81-b3-e6-96-b0-e8-88-88-e5-9b-bd-e3-81-ae-e4-bc-81-e6-a5-ad-e3-/24491

x　The Economist (July 18th, 2020), The world's wealth is looking increasingly unnatural: As natural wealth is used up, economies will rely more on human capital, The Economist.
https://www.economist.com/graphic-detail/2020/07/18/the-worlds-wealth-is-looking-increasingly-unnatural

xi　NN/g　Nielsen Norman Group, The Definition of User Experience (UX).
https://www.nngroup.com/articles/definition-user-experience/ (2020年8月17日閲覧)

xii 片山佳樹（2020），オープンサイエンスプラットフォーム（OSP） ヘルステクノロジーにおける高効率な社会価値創出のための新しい産学連携形態，Draft.

xiii 内閣府，第5期科学技術基本計画（平成28年1月22日　閣議決定），
https://www8.cao.go.jp/cstp/kihonkeikaku/5honbun.pdf（2020年8月17日閲覧）

xiv 内閣府，Society 5.0，
https://www8.cao.go.jp/cstp/society5_0/（2020年8月17日閲覧）

xv 日本経済新聞（2019年11月18日付），バイオ企業の1人当たり価値，上位3割占める．
https://www.nikkei.com/article/DGXMZO52186870U9A111C1FFR000/?lang=en

xvi Forbes, Most Innovative Growth Companies.
https://www.forbes.com/growth-companies/list/#tab:rank（2020年8月17日閲覧）

xvii OECD（2017）, New Health Technologies: Managing Access, Value and Sustainability, OECD Publishing, Paris.
https://read.oecd-ilibrary.org/social-issues-migration-health/managing-new-technologies-in-health-care_9789264266438-en#page215

xviii Sunbin Yoo, Shunsuke Managi（2020）, Global mortality benefits of COVID-19 action, Technological Forecasting and Social Change, Volume 160.

xix 厚生労働省（2019），平成30年「労働安全衛生調査（実態調査）」の概況，p.3，
https://www.mhlw.go.jp/toukei/list/dl/h30-46-50_gaikyo.pdf（2020年10月19日閲覧）

xx Piao X., Managi S.（2020）Employee Stress and Human Capital Loss in Japan. Working paper（Under Review）

xxi Managi, S. and P. Kumar, Inclusive Wealth Report 2018. London: Routledge; 2018.

xxii Cinnirella, F., Streb, J.（2017）The role of human capital and innovation in economic development: evidence from post-Malthusian Prussia. Journal of economic growth, 22（2）, 193-227.

xxiii Gennaioli N, La Porta R, Lopez-de-Silanes F, Shleifer A.（2013）Human capital and regional development. The Quarterly journal of economics. 128（1）: 105-164.

xxiv ピースマインド，【調査結果】はたらく人が抱えるストレスに伴う経済的損失は、男性で生涯平均約6000万円に．
https://www.peacemind.co.jp/newsrelease/archives/261（2020年10月22日閲覧）

xxv Piao X., Managi S.（2020）Job stress: working environment and employee's responses. Working paper（Under Review）

xxvi Piao X., Managi S.（2020）Corporate environmental social governance activities and long-term employee psychological well-being. Working paper（Under Review）

xxvii 環境省（2007），『第三次生物多様性国家戦略』，p.58.
http://www.biodic.go.jp/cbd/pdf/nbsap_3.pdf

xxviii 三井住友トラスト・ホールディングス（2015, 2019），ESGレポート．
https://www.smth.jp/csr/report/2015/full/07.pdf
https://www.smth.jp/csr/report/2019/full/10.pdf

xxix 環境省（2018），『平成30年版環境統計集（試行版）』，自然環境．

　　　https://www.env.go.jp/doc/toukei/contents/tbldata/h30/30excel.html

xxx 　環境省（2019），『自然の持つ機能の活用　その実践と事例』，p.4.
　　　https://www.env.go.jp/guide/pamph_list/pdf/Eco-DRR_Leaflet_full.pdf

xxxi 　総合地球環境学研究所（2020），グリーンインフラ技術レポート．
　　　https://www.dropbox.com/s/w2lw4sqedro6672/GreenInfra_TechnicalReport.
　　　pdf?dl=0

xxxii 　グリーンインフラ研究会編（2017），『決定版グリーンインフラ』，日経BP社，
　　　pp.338-342.

xxxiii 　Kohei Imamura, Kohei Takenaka Takano, Naoki H. Kumagai, Yumi Yoshida,
　　　Hiroya Yamano, Masahiko Fujii, Tohru Nakashizuka, Shunsuke Managi（2020），
　　　Valuation of coral reefs in Japan: Willingness to pay for conservation and the effect
　　　of information, Ecosystem Services（46）.
　　　https://www.sciencedirect.com/science/article/pii/S221204162030108X

xxxiv 　Sunbin Yoo, Alexander Ryota Keeley and Shunsuke Managi.（2021），"Does
　　　Sustainability Activities Performance Matter During Financial Crises? Investigating
　　　the case of COVID-19", Energy Policy, volume 155, August.

xxxv 　REAPRA．ポートフォリオ
　　　https://jp.reapra.com/（2020年11月12日閲覧）

xxxvi 　ピースマインド．【調査結果】はたらく人のストレス：都道府県ランキング2020発
　　　表．（2020）
　　　https://www.peacemind.co.jp/newsrelease/archives/268

第4章

新国富指標を活用した
企業と自治体の協働事例

1. 新国富の考えに基づく地域活性化の 取り組み

　ここでは、日本国内における自治体のSDGsの実現を評価するのに有用な指標である新国富指標とそれを用いた産学官連携による共同プロジェクトの実践例について紹介する。

1-1　政策決定プロセスにおける課題

　SDGsの17の目標は国連に採択されたことにより、企業の社会貢献活動をより後押しすることとなった。さらにSDGsへの取り組みは企業価値を国際的に高める指標として社会全体に浸透しつつある。実際、SDGsに関する製品やサービスの提供、業務改善に熱心に取り組む企業が増えている。

　自治体においてもSDGsの達成に向けた政策を実現しようとしている。人口減少や経済規模の縮小など、自治体が抱える課題は、SDGsと重なっており、最終的な目標が一致しているからだ。

　自治体の政策決定には住民、各種関連団体など多くの利害関係者の意見が重なり合う。これまでの政策決定プロセスにおいては、担当者の経験や利害関係者の声の大きさに政策が左右されることもあった。

　地域が直面する課題は、金銭価値化しやすい経済的課題に対する利害対立のみではない。SDGsで提案されている豊かな自然環境や、住み続けられるまちづくり、質の高い教育といった価値観は従来では金銭価値化が困難で、それに伴う課題解決の進め方や施策の有効性の判断なども客観的な評価というよりもむしろ、担当者の裁量に左右されることが予想される。

可能な限り客観的な評価指標として新国富指標を用いることで、上のような課題解決を評価でき、解決へのステップづくりに貢献し得る。

1-2 地方創生と持続可能な地域づくりのための背景

2014年12月に日本政府が報告した「まち・ひと・しごと創生長期ビジョン・総合戦略」を契機に各地方自治体において「人口ビジョン・総合戦略」の策定が努力義務となり、日本全国で地方創生に対する関心が高まった。

日本の人口減少は2008年から始まっている。労働力の中心たる若年人口は減少し、老年人口は速いペースで増加しているため、より深刻な少子高齢社会になると考えられており、2040年代には毎年100万人程度人口が減少すると推計されている。特に、生産年齢人口の減少と老年人口の増加による経済規模の縮小やイノベーションの衰退、社会保障費の増加や文化的停滞、そして世代間格差の拡大は経済と社会にネガティブな影響を与えており、今後このような状況は悪化の一途を辿るであろう。

こうした状況下で、2014年11月に人口減少社会を克服し、将来にわたって日本社会を維持していくために「まち・ひと・しごと創生法」を制定し、同年12月には「まち・ひと・しごと創生長期ビジョン」および「まち・ひと・しごと創生総合戦略」が閣議決定された。2019年の「まち・ひと・しごと創生長期ビジョン」（令和元年改訂版）および第2期「まち・ひと・しごと創生総合戦略」では、地方創生SDGsの実現などの持続可能なまちづくりを横断的な目標として掲げており、具体的にはSDGsの達成に向けた取り組みを行う地方自治体の割合を60％にまで引き上げることを目標としている[i]。

人口ビジョンの対象期間は、長期的な視野に立った展望を行うため、日本政府の長期ビジョンの期間（2060年）とするが、中期的な将来人口推計に重点を置き、国と県の計画との整合性を保つとともに、国立社会保障・人口問題研究所の人口推計をもとに将来展望を示している。国の長期ビジョンでは、「人口減少時代の到来」を人口問題に対する基本認識とし、①"東京一極集中"の是正、②若い世代の就労・結婚・子育ての希望実現、③地域の特性に即した地域課題の解決の3点を「基本的視点」として提示している。

　この基本的視点をふまえながら、将来にわたって「活力ある日本社会」を維持することを目指すべき将来の方向とし、2060年の目標人口を「1億人程度」と定めている。

1-3　新国富指標の応用：久山町

　これを受けて福岡県久山町でも、人口減少の克服と未来に向けた持続的発展のため、2020年3月に「久山町まち・ひと・しごと創生人口ビジョン・総合戦略（以下、第1期久山町総合戦略)」を策定した[ii]。以降では久山町と九州大学・馬奈木研究室と地元企業の協力によるSDGs実現に向けたESGの実践について紹介する。

　福岡県糟屋郡久山町は福岡市の東側に位置しており、現在の人口は約8,900人である。人口変動については、2005年から2010年は7,858人から8,373人へと増加傾向であったが、2015年には8,225人と減少している。国立社会保障・人口問題研究所の人口推計によると、2035年までは微増傾向が続くがそれ以降は微減傾向に転じると予測されている。年齢3区分別の人口推移によると、生産年齢人口（15～64歳）と年少人口（0～14歳）は2045年まで微減傾向にあり、老年人口は増加を続け、2020年に29.5％であるのに対して

2045年には34％に達すると推計されている。

　地域としての持続可能性を維持するため、久山町はSDGsの理念をふまえ、町の現状に応じたSDGs目標を取り入れた持続可能な社会づくりに乗り出している。

　久山町は2017年から馬奈木がセンター長を務める九州大学都市研究センターと連携して、SDGsの計測指標として、「新国富指標」を導入した。2018年には「久山町新国富アンケート調査」を実施し、その結果に基づき、一部の事業について予算化を行った。新国富指標で久山町が保有する富（自然資本・人的資本・人工資本）を数値化し、事業実施前後の富の増減を比較することで、自治体の社会としての持続可能性が向上したかどうかを判断することに活用する。

　このように、久山町は2017年から「新国富指標」を導入し、実際の事業予算化に活用中であり、前述の『第2期久山町まち・ひと・しごと創生「人口ビジョン・総合戦略」』でも、久山町全体の持続可能性を総合的に測る目標指標として新国富指標を用いることが策定されており、今後の数値目標も算出している。

　一方、九州電力は、"人と自然と、つくるみらい"をスローガンとして、「生物多様性の保全や環境教育などに取り組むことで、九州の豊かな自然環境を未来につなぐ。」という問題意識を持っている[iii]。そこで、九州電力の経営資源を生かした新たなサービスを提供することで、地域社会の安心安全、定住促進、ライフラインの整備、環境エネルギー問題の解決といった課題解決を目指して活動している。

　2018年には、福岡県久山町、九州電力グループと九州大学都市研究センターが、地域・社会の課題解決に向け、持続可能なまちづ

くりに関する包括提携協定を締結した。この協定に基づき、九電グループが当時検討中であった新たな事業やサービスについて、久山町を舞台にした実証実験により事業可能性を追求するとともに、九州大学が研究を進める「新国富指標」を活用し、本取り組みによる地域・社会の持続可能性への効果を検証した。この共同プロジェクトについては次節で紹介する。

1-4 新国富指標の応用：宮若市

　九州大学都市研究センターは、福岡県久山町だけでなく、福岡県宮若市とも共同でまちづくりを進めており、自動運転バスによるオンデマンド交通システムを導入した際の住民の満足度を金銭的価値に置き換えて推計する共同プロジェクトを開始した。2020年末から本交通システムの実証実験を開始している。

　福岡県宮若市は、福岡市と北九州市の中間である筑豊・宗像地方に位置する、人口約27,000人の市である。市内には、トヨタ自動車九州などの自動車産業の工場が多数立地しており、福岡県内でも重要な工業集積地である。しかしながら、市内に鉄道路線の駅が存在せず、交通手段の中心は自動車であり、公共交通手段としてはバスを中心としている。路線バスは、西鉄バス筑豊とコミュニティバスが運行している。

　現在のコミュニティバスは利用者にとって経路や時刻が固定されているといった不便な点があり、またバスの路線本数を増やそうとしてもそもそも運転者が少ないという課題があった。公共機関をより利用しやすくすることによって、高齢者の外出や医療機関へのアクセスが改善されることとなり、SDG 3「健康促進」、SDG 9「地域経済の活性化」の実現につながることが期待される。

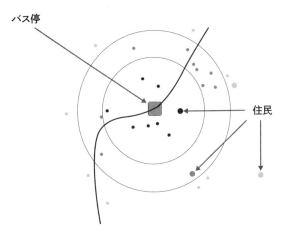

住民

図4-1：地理情報システム（GIS）上で住民を分類するイメージ図

　具体的には、まず人口分布マップを用いて地理情報システム（GIS）上で住民をバス停勢圏の内外に分類した（図4-1）。次にバス停勢圏の内外でバス停アクセスへの不満を持つ人数を推定した。さらに、アンケート調査から不満が解消されることに対して住民が支払ってもよいと思う金額（支払意思額）を算出し、各データを利用することによって、アクセスに不満を持つ住民全体における総支払意思額を推定した。

　表4-1に示されている通り、各世代においてバス停へのアクセスよりも運行本数に対して不満を持つ住民の割合が高く、運行本数が増えることに対する総支払意思額も大きいことがわかった。この検証によって公共交通が発展することで住民の幸福度は大きく改善可能であることが明らかになった。

　また、宮若市は、新国富指標を活用してインフラや教育、農地などの多面的な豊かさを数値化して、地元農産物の給食への導入につ

表4-1 バス環境への不満人数とバス環境改善に対する総支払意思額

	実人口	不満人数 (実人口に対する割合)		総支払意思額 (億円)	
		バス停 アクセス	バス 運行本数	バス停 アクセス	バス 運行本数
現役	18,346	2,110 (11.5％)	9,320 (50.8％)	14.1	67.7
高齢	9,671	1,412 (14.6％)	4,719 (48.8％)	8.6	21.7
全体	28,017	3,522 (12.6％)	14,039 (50.1％)	22.7	89.4

なげている。2019年6月26日に、宮若市の小中一貫校、宮若西中学校と宮若西小学校では地元産の宮若牛ステーキと宮若産の米の給食が提供された[iv]。森下牧場で宮若産の米と稲わらを餌にして飼育した宮若牛50kgと宮若産の米100kgが提供された。この給食には費用として約100万円がかかったが、ふるさと納税の寄付金から捻出した。

1-5 新国富指標の応用：直方市

福岡県北部に位置する人口約56,000人の直方市でも新国富指標の活用が期待されている。2019年12月27日に、筆者ら九州大学都市研究センターと直方市は新国富指標を活用したまちづくりに関する連携協定を締結した[v]。本協定は2021年度から始まる第6次直方市総合計画の策定を推進させるために結んだものであり、同研究センターが研究を進める新国富指標を活用し、市の特性を整理したうえで策定を行う。直方市では、アンケート調査やワークショップ等を通じて総合計画の策定を推し進める予定である。

本節では、新国富指標を活用した自治体のSDGs実現と企業の
ESG活動の実践について紹介した。持続可能なまちづくり実現の
ためには産学官の連携は必要不可欠であり、重要性を増している。
今後、コミュニティと企業とアカデミアの協力の下での新国富指標
を活用した「政策の評価・形成・実行」によってよりよい社会づく
り・まちづくりへの期待が高まっている。

2. 新国富指標で評価する企業と自治体の協働

2-1　久山町（福岡県）・九電グループの協力事業を評価する

　前節で説明したように、企業と自治体が協力し、地域の持続可能
性を高めようとする活動が盛んになっている。企業と自治体の提携
を円滑にするためには、企業は自治体のニーズを把握すること、自
治体は課題を把握することのそれぞれの努力が重要である。

　ここでは、久山町と九州電力グループ（以下九電グループ）との
提携を例に企業と自治体の上手な付き合い方について考える。ま
た、新国富指標が企業と自治体の提携にどのように利用できるのか
についても説明する。

　まず、新国富指標について簡単におさらいしてみよう。新国富指
標は、経済活動から生み出される建物やインフラなどによって評価
される人工資本に加えて、国民の教育水準や労働環境を反映した人
的資本、自然の豊かさを反映した自然資本から構成される。これら
3つの資本は、遠い将来にわたって人々の生活水準の維持と向上を
図るうえで必要な資源である。新国富指標ではこれらの資源を金額

で表示しており、社会が持続的発展可能な水準にあるかどうかを評価する際の参考指標とする。

　新国富指標は、ある政策を実施するための費用に対して、その政策がもたらす社会全体への便益を評価する際に用いることができる。では実際にどのように企業と自治体が協力する政策の現場で使われているだろうか。福岡県久山町での事例で説明してみよう。

　久山町は、福岡市の東に隣接する人口約8,900人の町で、「国土の健康」「社会の健康」「人間の健康」を町政の柱に掲げている。一方、九電グループは国内電気事業、エネルギー関連事業、海外事業、ICTサービス事業、都市開発・街づくり、インフラサービスなどの事業から構成されている事業体であり、社会課題の解決をはじめとした多様な取り組みを進めている。

　九電グループが久山町で新たに提供するサービスについて、九州大学都市研究センター（以下、九州大学）は、これまで金額で表すことが難しかった住民サービスの満足度を試算し、地域資源を十分に活用するための評価指標として新国富指標を活用した。

　すなわち、新国富の枠組を政策立案につなげるにあたって、久山町ならびに九電グループと、地域・社会の課題解決に向け「持続可能なまちづくりに関する包括提携協定」を締結して、新たなプロジェクトを始めたのである。図4-2は今回の共同プロジェクトの提携イメージを説明したものだ。

　この共同プロジェクトでは、九電グループが新たに提供するサービスについて、新国富の考え方に基づいて効果を測定し、どのくらい生活水準を向上させたかを測定した。そのなかで、これまで新国富指標を構成する3つの資本（自然資本、人工資本、人的資本）には明示的に組み込まれていなかった社会資本に着目し、福岡県久山

お互いの役割分担のもと、新たな価値の創造を目指して協働

図4-2：提携イメージ

　町において経済実験を行った。この社会資本を導出することで、九電グループの経営資源を久山町で活用することで生み出された価値が金額ベースで評価される。さらに、時間を経た価値の変化（増加分）を算出することで今回のプロジェクトの持続可能性を判断することができる。

　今回の社会実験の対象としたサービスのひとつはICT技術を活用した見守りサービス「Qottaby（キューオッタバイ）」（図4-3）で、これは端末を通じて小学生や高齢者の位置情報を家族に送信するものである。Qottabyを導入することによって保護者の安心感が上昇していれば、市民は町へのつながりを深め、社会資本が増加したと考えることができる。久山町におけるQottabyの社会的価値を、生活満足度アプローチと呼ばれる手法で評価した。

　これらの社会実験の結果、Qottabyが市民から高く評価されてい

出典：九電グループ・ICT技術活用した見守りサービス調査票より転載 vi

図4-3：見守りサービス「Qottaby（キューオッタバイ）」

ることがわかり、久山町から費用の3分の1を補助することが3月の町議会で決定された。このように新国富を用いた分析によって、先端技術を活用することで、住民の幸福向上（すなわち社会的価値の向上）、さらには自治体の持続可能な将来実現への可能性を示すことができた。

　では、実際の共同プロジェクトの内容について詳しく見てみよう。

2-2　安全確保システム「Qottaby」の評価

　久山町におけるICTを活用した見守りサービスQottabyは、小学生や高齢者がどこにいるか、家族に知らせるサービスである。子どもや高齢者は、ランドセルやカバンなど、いつも持ち歩くものに専用の端末を付ける。この専用の端末から常時発信される電波を、通

学路途中などに設置された基地局がキャッチすると、家族はスマートフォンで子どもや高齢者の位置を確認したり、自宅への到着通知を受け取ったりすることができるというものだ。Qottabyの社会実験は、2019年4月から町内の小学生を対象に行われ、同時に、保護者を対象にQottabyの社会的価値を新国富指標によって評価するためのアンケート調査がサービス実施の前後2回に分けて行われた。

　事前調査では、回答者の90%以上が、Qottabyが本人と家族にとって重要であると答えた。サービスを利用するにあたって重要な時間帯は、約80%以上の回答者が登下校時が「最も重要」とし、Qottabyを「有料でも継続利用する」という回答は60%であった。

　Qottabyで提供される子どもの安全や保護者の安心を新国富における社会資本として位置づけ、その価値を計算してみよう。前述したように、事前調査ではほとんどの回答者が見守りサービスを重要であると評価している。アンケートの結果を「生活満足度アプローチ」という手法で計算すると、Qottaby見守りサービスの社会価値は約1,000万円となった。

　「生活満足度アプローチ」による社会価値の算出は以下のようになる。アンケート回答者が自身の世帯所得の増加と、あるサービス（ここではQottaby）の利用の両方から満足を得ていると想定する。そのうえで、あるサービスの追加利用できる状況と世帯所得増加の状況を回答者に比較させることで、サービス追加利用による満足に等しい世帯所得増加分がわかる。つまり、このサービスの水準を引き上げるために増やした所得の額を、サービスの価格とみる手法だ。

　また、このサービス設置に対する支払意思額をみると、実験開始前の支払意思額は約350万円であったのに対して、サービス導入後

の支払意思額は約270万円であった。この金額は、回答者の事前・事後支払意思額とサービスの対象者数に基づき算出された金額である。この差額は、サービス導入当初において、見守りポイントが少なかったことなどが影響したためと考えられる。

2-3　企業のもつ資源をまちづくりに生かす

　久山町での共同研究プロジェクトでは、企業による新サービス導入によって社会的価値が向上していることを明らかにし、これは、市民から高い評価を受けた本サービスについて、町から補助金が支給されることにつながった。

　この産学官連携プロジェクトで自治体との連携が円滑に進んだ背景としては、自治体の担当者が積極的に連携の調整を進めたことが挙げられ、今後も各方面での産学官連携のモデルケースになると考えられる。筆者らは、新国富の枠組を用いた政策立案とその運用によって、久山町および九電グループと実施したプロジェクトの成功例のように、幅広い分野で産学官連携による地域活性化モデルの確立を目指している。そして、このような事例を積み重ねることで、自治体や企業との連携の新たな形を提示できるのではないかと期待している。

　久山町の事例では、地域の社会資本の向上につながるサービスやプロジェクトについて、その金銭的な価値を評価することで、データと事例に基づく政策形成、いわゆるエビデンスベースドの政策形成につなぐことができた。久山町含め、今後、福岡県宮若市、直方市などでも、新国富指標に基づいたエビデンスベースドの政策形成には大きな期待が寄せられている。

　現在、自治体が抱えている課題は数多い。その一方で政策課題を

把握するためのデータがないため、解決策の立案が困難となっている。そのようななかで、電力会社が保有する電力データを活用し、人や企業の活動を把握することや、電柱をはじめとしたインフラ整備データなどの経営資源を使うことは、地域が抱える課題の発見と解決につながる可能性がある。さらに、自治体における需要をデータから発掘することができれば、企業にとっては新規ビジネスにつなげることも可能だろう。

　地域課題解決や持続可能なまちづくりに向けて、九電グループのような地域の中核を担う企業の果たす役割は大きい。莫大なデータやネットワークなどの豊富な経営資源を有しているからである。例えば、九電グループは、電力使用データという実務上、また学術的にも価値のある個人データを保有しているうえに、事業所や人材の面で九州最大のネットワークを持つ。

　近年、トヨタ自動車やGoogleといったグローバルに活躍する大手企業が、保有するデータを活用し都市の開発やマネジメントを進めている。電柱・送電線等のインフラを保持している九電グループが積極的にデータを活用して、九州全域における広域連携を支援し、さらにはEV、自動運転、ドローン等を活用した地域課題解決施策を提案していくことも考えられる。

　電力データに限った組み合わせからの自治体サービスについて言えば、①家電の使用状況から高齢者の行動変化を検知して家族に情報提供する見守りサービス、②家電の老朽化を予測し家電故障リスクから保険プランを提供する、顧客ごとにカスタマイズした新保険プラン、③電力使用データから経営状況を予測したうえで審査を実施する法人向けローン、④家電利用から在宅状況を理解し配達時刻を知らせる最適配送物流提案、というような項目が今後の検討課題

になっている。
　今後も地域としての持続可能性および地方創生の実現における自治体と企業の提携による可能性について期待が高まるであろう。

〈参考文献〉

i　　内閣官房・内閣府総合サイト 地方創生. まち・ひと・しごと創生長期ビジョン（令和元年改訂版）及び第2期「まち・ひと・しごと創生総合戦略」（概要）
　　　https://www.chisou.go.jp/sousei/info/pdf/r1-12-20-gaiyou.pdf（2021年5月10日閲覧）

ii　　馬奈木俊介（編著）久山町公式webページ，『第2期久山町まち・ひと・しごと創生「人口ビジョン・総合戦略」の策定にあたって』
　　　http://www.town.hisayama.fukuoka.jp/tyousei/gyousei/sennryaku/（2020年5月12日閲覧）

iii　 九州電力公式webページ，『CSRの取組み，地域・社会との共生』
　　　http://www.kyuden.co.jp/company_local-social_index.html（2020年5月12日閲覧）

iv　　毎日新聞（2019年6月27日夕刊），地元牛ステーキ、国際コン金賞の米も 「肉もご飯もおいしい」 宮若の小中一貫校／福岡．
　　　https://mainichi.jp/articles/20190627/ddl/k40/100/409000c（2020年5月12日閲覧）

v　　九州大学広報webページ，『直方市との連携で市総合計画の策定を推進』
　　　https://www.kyushu-u.ac.jp/ja/topics/view/1573（2020年5月12日閲覧）

vi　　九州電力「久山町、九州電力、九州大学は持続可能なまちづくりに関する包括提携協定を締結しました—新国富指標を活用した地域・社会の課題解決に向けた取組み—」（2018）
　　　http://www.kyuden.co.jp/press_h181219-1_smt.html（2021年5月31日閲覧）

おわりに

　本書では、企業の価値づけ、自治体と地域活性化について、サステナブル投資、新国富指標が自治体の施策に活用された例、そして企業のケーススタディから、SDGsの現状を分析し紹介した。

　ケースの内容は、政府の『SDGsアクションプラン2020』に挙げられた、Ⅰ．ビジネスとイノベーションの「科学技術イノベーション（STI）」、Ⅱ．SDGsを原動力とした地方創生、強靱かつ環境に優しい魅力的なまちづくりの「強靱なまちづくり」、Ⅲ．SDGsの担い手としての次世代・女性のエンパワーメントの「次世代・女性のエンパワーメント」にも関連するものだ。

　2020年はコロナ禍で世界中の人々が社会活動に関わる大きな制約を受けた。影響について様々な分野で議論がなされ、例えば、温室効果ガス観測技術衛星「いぶき（GOSAT）」のデータを用いた環境への影響を経済価値で計測した研究では、CO_2排出量、交通量、水質に影響があることがわかった。海外からも、経済活動がストップすることで経済活動影響が出ている報告があり、我々の生活が変わること（New Normal）が求められるようになった。

　働き方や暮らし方についてこれまでの前提が覆され、改めて、働き方を含め新たな試みを始める機会となった。人が人らしく生きるとはどういうことか。SDGsでは「誰一人取り残さない」と掲げ、持続可能ですべての人が幸せに生きる世界を目指そうとしている。

　その実現には、行政、そして企業の力が必要だ。

「SDGsアクションプラン2020」（令和元年12月）

> I. ビジネスとイノベーション 〜SDGsと連動する「Society 5.0」の推進〜
>
> **ビジネス**
> - ▶企業経営へのSDGsの取り込み及びESG投資を後押し
> - ▶「Connected Industries」の推進
> - ▶中小企業のSDGs取組強化のための関係団体・地域、金融機関との連携を強化
>
> **科学技術イノベーション（STI）**
> - ▶STI for SDGsロードマップ策定と、各国のロードマップ策定支援
> - ▶STI for SDGsプラットフォームの構築
> - ▶研究開発成果の社会実装化促進
> - ▶バイオ戦略の推進による持続可能な循環型社会の実現（バイオエコノミー）
> - ▶スマート農林水産業の推進
> - ▶「Society5.0」を支えるICT分野の研究開発、AI、ビッグデータの活用
>
> II. SDGsを原動力とした地方創生、強靱かつ環境に優しい魅力的なまちづくり
>
> **地方創生の推進**
> - ▶SDGs未来都市、地方創生SDGs官民連携プラットフォームを通じた民間参画の促進、地方創生SDGs国際フォーラムを通じた普及展開
> - ▶「地方創生SDGs金融」を通じた「自律的好循環」の形成に

向け、SDGsに取り組む地域事業者等の登録・認証制度等を推進

強靭なまちづくり

▶防災・減災、国土強靭化の推進、エネルギーインフラ強化やグリーンインフラの推進

▶質の高いインフラの推進

循環共生型社会の構築

▶東京オリンピック・パラリンピックに向けた持続可能性の配慮

▶「大阪ブルー・オーシャン・ビジョン」実現に向けた海洋プラスチックごみ対策の推進

▶地域循環共生圏づくりの促進

▶「パリ協定長期成長戦略」に基づく施策の実施

Ⅲ．SDGsの担い手としての次世代・女性のエンパワーメント

次世代・女性のエンパワーメント

▶働き方改革の着実な実施

▶あらゆる分野における女性の活躍推進

▶ダイバーシティ・バリアフリーの推進

▶「次世代のSDGs推進プラットフォーム」の内外での活動を支援

「人づくり」の中核としての保健、教育

▶東京オリンピック・パラリンピックを通じたスポーツSDGsの推進

▶新学習指導要領を踏まえた持続可能な開発のための教育（ESD）の推進

> ▶ユニバーサル・ヘルス・カバレッジ（UHC）推進
>
> ▶東京栄養サミット2020の開催、食育の推進

「SDGsアクションプラン2021」（令和2年12月）

> **Ⅰ．感染症対策と次なる危機への備え**
>
> ▶感染症対応能力を強化するため、治療・ワクチン・診断の開発・製造・普及を包括的に支援し、これらへの公平なアクセスを確保する
>
> ▶次なる危機に備え、強靱かつ包摂的な保健システムを構築し、ユニバーサル・ヘルス・カバレッジ（UHC）の達成に向けた取組を推進する。国内では、PCR検査・抗原検査等の戦略的・計画的な体制構築や保健所の機能強化など、国民の命を守るための体制確保を進める
>
> ▶栄養、水、衛生等、分野横断的取組を通じて感染症に強い環境整備を進める。東京栄養サミットの開催を通じて世界的な栄養改善に向けた取組を推進し、国内では食育や栄養政策を推進する
>
> **Ⅱ．よりよい復興に向けたビジネスとイノベーションを通じた成長戦略**
>
> ▶Society5.0の実現を目指してきた従来の取組を更に進めると共に、デジタルトランスフォーメーションを推進し、誰もがデジタル化の恩恵を受けられる体制を整備し、「新たな日常」の定着・加速に取り組む
>
> ▶ESG投資の推進も通じ、企業経営へのSDGs取り込みを促進すると共に、テレワークなどの働き方改革を通じてディーセ

ントワークの実現を促進し、ワーク・ライフ・バランスの実現等を通じ、個人が輝き、誰もがどこでも豊かさを実感できる社会を目指す

▶バイオ戦略やスマート農林水産業の推進など、科学技術イノベーション（STI）を加速化し、社会課題の解決を通じてSDGsの達成を促進すると共に、生産性向上を通じた経済成長を実現し、持続可能な循環型社会を推進する

III．SDGsを原動力とした地方創生、経済と環境の好循環の創出

▶2050年までに温室効果ガス排出を実質ゼロとする「カーボンニュートラル」への挑戦も通じ、世界のグリーン産業を牽引し、経済と環境の好循環を作り出していくとともに、防災・減災、国土強靱化、質の高いインフラの推進を継続する

▶「大阪ブルー・オーシャン・ビジョン」実現に向けた海洋プラスチックごみ対策などを通じ、海洋・海洋資源を保全し、持続可能な形で利用する

▶SDGs未来都市、地方創生SDGs官民連携プラットフォーム、地方創生SDGs金融等を通じ、SDGsを原動力とした地方創生を推進する

IV．一人ひとりの可能性の発揮と絆の強化を通じた行動の加速

▶あらゆる分野における女性の参画、ダイバーシティ、バリアフリーを推進すると共に、人への投資を行い、十分なセーフティネットが提供される中で、全ての人が能力を伸ばし発揮でき、誰ひとり取り残されることなく生きがいを感じることのできる包摂的な社会を目指す

▶ 子供の貧困対策や教育のデジタル・リモート化を進めると共に、持続可能な開発のための教育（ESD）を推進し、次世代へのSDGs浸透を図る

▶ 京都コングレスや東京オリンピック・パラリンピック等の機会を活用して法の支配やスポーツSDGsを推進すると共に、地球規模の課題に関して、国際協調・連帯の構築・強化を主導し、国際社会から信用と尊敬を集め、不可欠とされる国を目指す

「はじめに」で述べたグローバルリスクでも挙げられたように、『SDGsアクションプラン2021』でも感染症への対応は重要な課題となる。第3章2節では、ヘルスサイエンスとDX（デジタルトランスフォーメーション）について紹介したが、こういったところからもビジネスの可能性がある。

　また、第4章でも触れたように、企業が何らかのサービスを提供する場合の実施場所としての自治体でSDGsの達成に向け動こうとしているときに必要とされるものが、その進捗を測る指標になる。適切な投資や資本の維持管理により長期的かつ継続的に投資することで価値が上昇するものは、インフラといった人工物だけではなく、各個人への教育や健康といった人的なものや、生態系の維持といった自然のものがある。これらの人工物、人、自然といった社会資本を対象に、維持管理・更新して手入れをしながら社会資本を枯渇させないためのマネジメント（ストック・マネジメント）が必要となる。将来の豊かさは、現在の蓄積から生まれる。現代世代の人々の生活のうえで欠かすことができない豊かさをふまえ、持続可能で次世代の豊かさも担保した資源の蓄積・利用を考えなければな

らない。資源に対する、投資配分とマネジメントの進捗を測るためには、本書で紹介した新国富指標のような指標を用い、資源量を測定し数値化することが欠かせない。数値化することによって資源の偏在が把握され、目標設定や取り組みのありようが明確になる。企業、自治体、国、それぞれの目標数値をマイルストーンとして具体的に設定すると、その達成度合いから、次の戦略を立てることが可能となり、これは新たなビジネスとなる可能性もある。例えば、第3章3節で紹介したメンタルヘルスの状態の測定は、人的資本を新国富指標で数値化し企業価値を測る指標を開発することにより、企業の持続性を高めるストレスおよびメンタルヘルス対策のあり方と効果を提示していくプロジェクトが開始されている。また、第3章5節で紹介したような社会課題を解決する企業への投資も、今後増えてくることだろう。

　そして、『SDGsアクションプラン』にも示されたように、DXを推し進めることも求められる。

　2018年、世界経済フォーラム、経済産業省、一般財団法人アジア・パシフィック・イニシアティブが連携し、世界経済フォーラム第四次産業革命日本センターが設立された。同センターのプロジェクトは、データガバナンス、ヘルスケア、スマートシティ、モビリティ、アジャイルガバナンス（情報化や急速な技術発展に伴う社会構造の変化へ素早く対応できるガバナンス：行政機能の迅速なアップデート）となっている。

　新型コロナウイルスの感染拡大によって、社会の根幹にあったコミュニケーションのあり方を問われ、さらに社会全体の再構築について改めて考えさせられることとなった現在、DXの進歩はより求

められるものになると予想される。そして、さまざまなデータが公開され活用することにより、より適切な社会を構築することができるだろう。

　さらにこれを推し進め、DXと持続可能性が共に実現されるSX（Sustainability Transformation：サステナビリティ・トランスフォーメーション）を実現し、次世代、次々世代にとって理想的な社会を残していかなくてはいけない。SDGsで実現される「持続可能な社会」の達成には、理念と共に、実現へのステップを確認し、そのマイルストーンとなる数値基準を経営に生かすことが求められる。

　次世代に何を残していくのかを常に考え続ける企業経営が、持続可能な社会の達成には欠かせないのだ。

ESGブランドランキングとは

　このESGランキングは、MSCI（アメリカの金融関連の評価企業。企業の年次報告書や第三者機関によるレポートなどから評価する）が算出したESGスコアで予測した企業価値のランキングである。株価の時価総額に基づいて予測した企業価値のスコアと評価機関のESGスコアから、統計的処理を施し推計した企業価値によってランクづけしている。企業価値は、時価総額と負債額の和を資産額で割ったものである。

ランキングの意味合い

　企業がESGのそれぞれに対してコストをかけ取り組みを行っていても、投資家が評価しない、すなわち株価が低いとこのランキングの上位からは外れる。企業がESGに投資しているが企業価値に反映されていないことを表し、投資家から見た場合その企業の取り組みが行き過ぎたものになっていると判断された、あるいは取り組みについての広報不足が考えられる。

ランキングの見方・活用

　このスコアは株の時価総額とESGスコアに基づき統計的な処理を行い導出しており、他の評価機関のESGスコアと比較することで、企業のESGに関する取り組みに対する投資家の企業評価を知

ることができる。他のESG評価機関のランキングが高くても、株価のランキングが低い場合このランキングでは低くなり、企業の取り組みに対する投資家の評価が冷ややかであるということになる。

　また、それぞれの企業の業種や問題意識に沿ってESGそれぞれの取り組みが行われているが、往々にして日本企業はEについては多くの取り組みをなされている反面、Gについてはまだ海外に比べ遅れている。ESGのバランスがとれておらず遅れている分野がある場合はランキングが低くなる。ただし、ESGへの投資を増したからといって、今後も持続可能な企業となり得るかどうかは定かではない。投資家の企業評価はさまざまな情報によって変化するため、今後の注力する分野の参考にしていただきたい。そして、社会貢献に関する企業努力などの情報を社会へ浸透させ、企業価値を高める方向へ進めてほしい。

企業名	ランキング	ESGブランド	企業名	ランキング	ESGブランド
トヨタ自動車	1	100.00	Zホールディングス	16	12.43
本田技研工業	2	57.44	エーザイ	17	12.14
日本電信電話	3	50.17	小松製作所	18	11.85
三井不動産	4	39.92	三菱商事	19	11.83
三菱UFJフィナンシャル・グループ	5	27.52	日立製作所	20	11.39
武田薬品工業	6	27.47	日産自動車	21	11.27
明治ホールディングス	7	26.68	アサヒグループホールディングス	22	11.00
キヤノン	8	26.50	野村ホールディングス	23	10.47
ENEOSホールディングス	9	18.71	東レ	24	10.43
イオン	10	18.14	INPEX	25	10.42
パナソニック	11	17.65	アース製薬	26	10.09
ソフトバンクグループ	12	17.20	三菱重工業	27	9.38
大和ハウス工業	13	16.88	王子ホールディングス	28	9.36
ソニーグループ	14	13.60	大日本印刷	29	9.19
三菱地所	15	13.13	東芝	30	9.18

このランキングは東洋経済新報社によるCSR総覧の2005-2019年のデータを基に作成した2018年のものである。

企業名	ランキング	ESGブランド
マツダ	31	8.85
三井物産	32	8.79
富士通	33	8.66
セブン&アイ・ホールディングス	34	8.47
第一三共	35	8.44
三菱ケミカルホールディングス	36	8.25
三菱電機	37	8.21
ダイキン工業	38	8.17
TOTO	39	7.99
デンソー	40	7.79
アイシン	41	7.40
三井住友フィナンシャルグループ	42	7.34
丸紅	43	7.11
大和証券グループ本社	44	6.89
キリンホールディングス	45	6.87

企業名	ランキング	ESGブランド
塩野義製薬	46	6.70
イオンモール	47	6.68
富士フイルムホールディングス	48	6.38
ANAホールディングス	49	6.24
住友金属鉱山	50	6.19
小野薬品工業	51	6.17
リクルートホールディングス	52	6.17
清水建設	53	5.81
旭化成	54	5.57
コーセー	55	5.52
花王	56	5.46
SUBARU	57	5.40
オムロン	58	5.37
セイコーエプソン	59	5.20
西日本旅客鉄道	60	5.03

企業名	ランキング	ESGブランド
東日本旅客鉄道	61	5.02
豊田通商	62	4.84
大林組	63	4.51
KDDI	64	4.50
大成建設	65	4.41
京セラ	66	4.40
味の素	67	4.36
キユーピー	68	4.35
中国電力	69	4.33
みずほフィナンシャルグループ	70	4.31
三菱自動車工業	71	4.30
日本航空	72	4.26
電通	73	4.25
イオンフィナンシャルサービス	74	4.10
東京瓦斯	75	4.06

企業名	ランキング	ESGブランド
IHI	76	4.02
ヤマハ	77	4.00
協和キリン	78	4.00
野村総合研究所	79	3.97
DIC	80	3.94
住友商事	81	3.90
浜松ホトニクス	82	3.82
豊田自動織機	83	3.82
ニコン	84	3.73
ディスコ	85	3.70
いすゞ自動車	86	3.66
資生堂	87	3.64
参天製薬	88	3.53
ライオン	89	3.52
フジクラ	90	3.47

ESGブランドスコアで小数点3位以下に差があるため、数値が同じでもランキングに差が生じている。

付録2　ESG・SDGs関連略語一覧

略語	フルスペル	和訳・説明
BRICS	Brazil, Russia, India, China, South Africa	ブラジル、ロシア、インド、中国、南アフリカ
CSR	Corporate Social Responsibility	企業の社会的責任
DX	Digital Transformation	デジタル・トランスフォーメーション
Eco-DRR	Ecosystem-Based Disaster Risk Reduction	生態系を活用した防災・減災
EIB	European Investment Bank	欧州投資銀行
ESG	Environment, Social, Governance	環境・社会・ガバナンス（企業統治）
GBP	Green Bond Principles	グリーンボンド原則
GDP	Gross Domestic Product	国内総生産
GPIF	Government Pension Investment Fund	年金積立金管理運用独立行政法人
GSIA	The Global Sustainable Investment Alliance	世界持続可能投資連合
GSIR	Global Sustainable Investment Review	世界持続可能投資連合（GSIA）が隔年で発行する報告書
HDI	Human Development Index	人間開発指数
ICMA	International Capital Market Association	国際資本市場協会
IHN	Integrated Healthcare Network	統合ヘルスケアネットワーク
IMF	International Monetary Fund	国際通貨基金
IPBES	Intergovernmental science-policy Platform on Biodiversity and Ecosystem Services	生物多様性及び生態系サービスに関する政府間科学-政策プラットフォーム
IWI	Inclusive Wealth Index	新国富指標
MDGs	Millennium Development Goals	ミレニアム開発目標
NDC	Nationally Determined Contribution	国別目標
NDP	Net Domestic Product	国内純生産
NPV	Net Present Value	正味現在価値
OECD	Organization for Economic Cooperation and Development	経済協力開発機構

略語	フルスペル	和訳・説明
PRI	Principles for Responsible Investment	責任投資原則
ROA	Return On Asset	総資産利益率
SDGs	Sustainable Development Goals	持続可能な開発目標
SRI	Socially Responsible Investing	社会的責任投資
STI	Science, Technology and Innovation	科学技術イノベーション
SX	Sustainability Transformation	サステナビリティ・トランスフォーメーション
TEEB	The Economics of Ecosystem and Biodiversity	生態系と生物多様性の経済学
UNEP	United Nations Environment Programme	国連環境計画
UNU-IHDP	United Nations University-International Human Dimensions Programme on Global Environmental Change	国連大学 地球環境変動の人間・社会的側面に関する国際研究計画
US SIF	The Forum for Sustainable and Responsible Investment and the US SIF Foundation	アメリカを拠点とする責任投資の普及を進める団体、およびその基金
UX	user experience	ユーザー・エクスペリエンス（ユーザー経験、ユーザー体験）
WBCSD	World Business Council for Sustainable Development	持続可能な開発のための世界経済人会議

●編著者紹介

馬奈木 俊介（まなぎ・しゅんすけ）
九州大学大学院 工学研究院 教授／九州大学都市研究センター長・主幹教授 総長補佐
九州大学大学院工学研究科修士卒、米国ロードアイランド大学大学院博士卒（経済学専攻）。東北大学准教授等を経て2015年より現職。日本学術会議会員、国連 気候変動に関する政府間パネル（IPCC）代表執筆者、国連 生物多様性及び生態系サービスに関する政府間科学政策プラットフォーム（IPBES）総括代表執筆者、OECD（経済協力開発機構 貿易・環境部会）副議長をはじめ、経済産業研究所ファカルティフェロー、クィーンズランド工科大学客員教授等を歴任。国際的に「富の計測プロジェクト」を代表し『国連・新国富報告書 2018』を発表。現在に至り、国連・新国富報告書代表。近著に『新国富論―新たな経済指標で地方創生』（岩波ブックレット）、『豊かさの価値評価』（中央経済社）、『AIは社会を豊かにするのか』（ミネルヴァ書房）。

●執筆者一覧（50音・アルファベット順）

岸上 祐子（きしかみ・ゆうこ）
九州大学都市研究センター 特任助教

栗田 健一（くりた・けんいち）
九州大学都市研究センター 特任助教

田中 義孝（たなか・よしたか）
九州大学都市研究センター 特任助教

松永 千晶（まつなが・ちあき）
福岡女子大学 国際文理学部 環境科学科 准教授

Alexander Ryota Keeley
（キーリー・アレクサンダー・竜太）
九州大学大学院 工学研究院・都市研究センター 助教

Clarence Tolliver
（トリバー・クレアランス）
九州大学都市研究センター フェロー・ミシガン大学法学研究院 所属

俞 善彬（Sunbin Yoo）
九州大学都市研究センター 特任助教

朴 香丹（Xiangdan PIAO）
九州大学都市研究センター 特任助教

本書は「事業構想オンライン」での連載「SDGsの実践　あるべき指標と評価」の内容を再構成のうえ加筆修正し、書籍化したものです（はじめに、おわりには書き下ろし）。

「事業構想オンライン」（https://www.projectdesign.jp/）ではSDGs・ESGと企業経営、新事業開発に関する話題を随時掲載しております。ぜひご覧ください（全記事の閲覧には有料の会員登録が必要です）。

ESG 経営の実践

発行日	2021年7月15日　初版第1刷発行

編著者	馬奈木俊介
発行者	東英弥
発　行	学校法人先端教育機構 事業構想大学院大学出版部
	〒107-8418　東京都港区南青山3-13-18
	編集部　03-3478-8402　　販売部　03-6273-8500
	https://www.projectdesign.jp
発　売	学校法人先端教育機構
印刷・製本	株式会社ディグ
DTP・校正	株式会社鷗来堂

ISBN978-4-910255-06-4

学校法人 先端教育機構
事業構想大学院大学出版部 の雑誌・書籍

月刊『事業構想』

企業活性、地方創生、イノベーション

新しいビジネスアイデアを求める、全国の経営者・新規事業担当者・自治体幹部の方々にご購読いただいている専門誌。

■毎月1日発行
1300円（税込）
スタンダードコース（雑誌＋オンライン）　1600円（税込）・月額
オンラインコース（オンラインのみ）　1300円（税込）・月額

『SDGsの基礎』

SDGs（持続可能な開発目標）がなぜ、「新事業の開発」や「企業価値の向上」につながるのか？ 2015年に国連で採択された国際目標・SDGsの実践に必要な基礎知識を網羅。企業経営や事業創出に携わるすべての方必読の基本書。

■2018年9月発行
1800円＋税

『SDGsの実践』
自治体・地域活性化編

SDGsの実践を通じて持続可能な地域社会の実現を目指す――。国際目標であるSDGsをいかに、地域社会で実践していくべきか？ 自治体や地域企業としてSDGsに取り組む方に向けて基本的考えや取組事例などを紹介。

■2019年4月発行
1800円＋税

詳しい内容については先端教育機構ホームページをご覧ください

学校法人 先端教育機構
事業構想大学院大学 のご紹介

◆事業構想大学院大学について◆

事業構想大学院大学は、東京・大阪・名古屋・福岡にある、事業を構想し実現する人材を育成する大学院。国内で唯一、事業構想修士（MPD）を取得できる課程をもち、経営者・承継者・新規事業担当者・起業・地域活性を志す社会人が集う場となっています。

◆修士課程・プロジェクト研究のご案内◆

修士課程は、事業を通じた社会課題の解決や事業構想の構築を目指す方を対象にした課程です。2年間を通じ常にアイデアを生み出すこと（発・着・想）が求められます。そのなかから可能性のある事業を見出し、フィールドワークを通じて構想案に磨きをかけ、具体的な構想計画へと落とし込み、ステークホルダーとのコミュニケーションを通じて新たな発・着・想につなげる「事業構想サイクル」の体得を目指します。最終的なアウトプットとして、修士論文ではなく「事業構想計画書」を作成します。

また、より短期間での事業構想構築を目指す方に向け、MPDの学びのエッセンスを半年〜1年間に凝縮した「プロジェクト研究」も実施しています。本学では、SDGs達成に資するプログラムとして下記2つの研究会を開催しています。

脱炭素新事業プロジェクト研究
SDGs×大阪・関西万博 TEAM EXPO プロジェクト研究
詳細は本学ホームページ（https://www.mpd.ac.jp/）をご覧ください。